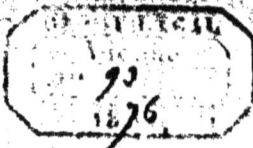

FACULTÉ DE DROIT DE POITIERS.

DE

LA PREUVE PAR TÉMOINS

EN DROIT ROMAIN ET EN DROIT FRANÇAIS

THÈSE

PRÉSENTÉE A LA FACULTÉ DE DROIT DE POITIERS

POUR OBTENIR LE GRADE DE DOCTEUR

ET SOUTENUE LE 10 AOUT 1876, A 2 HEURES DU SOIR

DANS LA SALLE DES ACTES PUBLICS DE LA FACULTÉ

PAR

Michel GONDINET,

AVOCAT A LA COUR D'APPEL.

POITIERS

IMPRIMERIE DE H. OUDIN FRÈRES

RUE DE L'ÉPERON, 4.

1876

FACULTÉ DE DROIT DE POITIERS

MM. LEPETIT (✽, I. ◎), doyen, professeur de Droit commercial.

BOURBEAU (C. ✽, I. ◎), doyen honoraire, professeur de Procédure civile.

MARTIAL PERVINQUIÈRE (✽, I. ◎), Professeur de Droit romain.

RAGON (✽, I. ◎), professeur de Droit romain.

DUCROCQ (✽ I. ◎), professeur de Droit administratif.

ARNAULT DE LA MÉNARDIÈRE, (A. ◎), professeur de Code civil.

LE COUTROIS, professeur de Code civil.

THÉZARD, professeur de Code civil.

NORMAND, professeur de Droit criminel

PARENTEAU-DUBEUGNON, agrégé.

ARTHUYS, agrégé.

BONNET (EMILE), suppléant.

M. COULON, (A. ◎), secrétaire agent-comptable.

COMMISSION :

PRÉSIDENT : M. MARTIAL PERVINQUIÈRE (✽ I. ◎).

SUFFRAGANTS :
M. RAGON. (✽ I. ◎).
M. A. DE LA MÉNARDIÈRE (A. ◎) } PROFESSEURS,
M. THÉZARD.
M. NORMAND.
M. ARTHUYS. } AGRÉGÉ.

A CEUX QUE J'AIME

INTRODUCTION

—

I.

La vérité! Voilà le but de toutes les aspirations de l'homme. C'est à la recherche de la vérité que le philosophe consacre son labeur et ses veilles; c'est pour elle que l'historien fait revivre le passé, pour elle que le savant aborde les problèmes les plus ardus de la science. Comme le savant, l'historien, le philosophe, comme tout homme au cœur libre et sincère, le jurisconsulte digne de ce nom n'a qu'un seul culte et ne sert qu'un seul maître : la vérité. Car la vérité éternelle et infinie, c'est Dieu!

Cette soif inextinguible de vérité qui nous dévore ne se révèle pas seulement par les magnifiques œuvres de la pensée qu'elle fait entreprendre. Dans presque tous les actes de la vie réelle on en rencontre des symptômes. Et cela doit être, puisque le vrai n'est autre chose que le bien, et que le bien nous attire invinciblement. Le vrai, ai-je dit, se confond avec le bien. Qu'est, en effet, le bien, le plaisir, autre chose que la réalisation de nos souhaits, que la satisfaction de tendances innées vers le bonheur? Etre heureux, n'est-ce point posséder ce qu'on désire, ou, ce qui est synonyme, *n'être pas trompé dans ses espérances?* Pareillement, toute douleur, même prévue, ne saurait-elle s'analyser en une déception?

Ainsi l'idée de vrai et l'idée de bien sont deux idées

sœurs, sœurs si étroitement unies qu'une saine philosophie ne consentira jamais à les séparer. Qu'en
conclure? C'est que la science du vrai étant aussi la
science du bien, c'est une noble tâche que d'y vouer
son intelligence et ses forces. C'est que ceux qui la
cultivent et la font progresser, quelque route qu'ils
aient prise et quelque région de la science qu'ils
explorent, ont droit à notre sympathie et à notre reconnaissance. Ceux-là sont les véritables philanthropes.

Plus que tout autre peut-être, le jurisconsulte dont
je parlais tout à l'heure me paraît bien mériter de
l'humanité. Créer ou maintenir parmi les hommes la
paix, la bonne harmonie, la justice; assurer par une
législation bien ordonnée le respect et la protection de
tout ce qui nous est cher, religion, propriété,
famille; tendre de tous ses efforts et sans cesse à se
rapprocher du droit naturel, le droit idéal : n'est-ce
point là son rôle? Et semblable mission n'a-t-elle pas
de quoi passionner et séduire? Faut-il s'étonner alors
d'entendre un jurisconsulte romain s'écrier avec une
légitime fierté : « *Nos merito sacerdotes homines
appellant; justitiam nempe colimus!* Et nous aussi,
nous sommes les apôtres d'un culte, apôtres de la
justice et de la vérité ! »

Malheureusement cette vérité vers laquelle nous
sommes irrésistiblement portés, n'apparaît pas toujours avec une clarté suffisante. Parfois on ne l'entre-
voit que sous un faux jour ou à travers des lueurs
indécises. Parfois même il semble qu'elle soit enveloppée
dans un manteau de ténèbres. Que de patience ne
faut-il pas alors pour écarter un à un les voiles
amoncelés par la faiblesse, l'ignorance ou la per-

versité des hommes! Heureux encore lorsque, prêt à toucher au terme, on ne se trouve pas en présence d'obstacles infranchissables qu'on n'avait pu prévoir. Trop souvent, en effet, le but que l'on croyait atteindre fuit, se dérobe, et, décevant mirage, la main découragée ne saisit que le vide.

Ce résultat n'a ni de quoi nous surprendre ni de quoi nous attrister.

Et comment nous surprendrait-il? Sans parler de la faiblesse naturelle de notre intelligence, des mille causes d'erreurs auxquelles l'imperfection de nos sens nous expose, qui oserait contester la toute-puissante influence des passions et des intérêts sur le jugement comme sur les actes de l'homme? Que de fois l'intelligence y verrait sans trouble si le cœur ne lui jetait volontairement un bandeau sur les yeux? C'est le propre du sage que d'isoler pour ainsi dire sa raison et de la soustraire à ce dangereux voisinage.

Ainsi sur les trois facultés de l'âme, intelligence, sensibilité, volonté, les deux premières sont sujettes à faillir; et, faut-il le dire? la troisième s'évertue souvent à créer ou accroître l'erreur des autres.

Pareil spectacle n'a-t-il pas quelque chose de désolant. N'est-il pas la trop évidente confirmation de sinistres doctrines[1]? Je ne le pense point. Et d'abord si notre raison est assez débile pour se fourvoyer et trébucher souvent dans sa marche vers l'inconnu, n'est-il pas un certain nombre de vérités premières sur lesquelles le doute et l'erreur ne sont pas possibles? L'être humain le plus incomplètement organisé ne porte-

1. Athéisme, scepticisme, socialisme......

t-il pas en lui assez d'intelligence et de volonté pour
distinguer le bien moral du mal moral, c'est-à-dire pour
accomplir librement sa destinée? Dès lors que nous
faut-il de plus? J'ose aller plus loin. Au lieu d'être
un sujet de crainte, notre faiblesse me paraît être un
sujet d'espoir. Où est, en effet, la gloire à s'incliner devant l'évidence? Si le vrai, si le bien se montraient à nous
dans toute leur splendeur, s'il suffisait d'ouvrir les
yeux pour en être ébloui, où serait la difficulté et, je
le demande, où serait le mérite? Or sans mérite pour-
rions-nous compter sur ces récompenses à venir qui
doivent couronner la carrière du juste et lui constituent
comme un patrimoine d'espérances?

La conclusion pourra paraître quelque peu naïve;
mais n'est-ce pas le cas de dire avec le fabuliste : « Dieu
fait bien ce qu'il fait »?

Et pourtant j'ai placé les choses au pire. J'ai toujours
raisonné sans tenir compte d'une arme inoffensive en
apparence, presque invincible en réalité, arme que la
nature nous mit elle-même entre les mains. J'ai nommé
la persévérance. Grâce à elle, bien peu de vérités
résistent à l'effort de l'homme. Là où il a échoué hier,
il réussira demain. Avec les années, dit-on, l'action
incessante de l'eau qui tombe goutte à goutte finit par
creuser le rocher. S'il en est ainsi d'une force incons-
ciente, aveugle, que doit-il être d'une force réfléchie?

.... Labor omnia vincit

Improbus.

Le vers est vieux; la pensée est sans doute moins
neuve encore. Pourtant tous les deux peuvent compter
sur longue vie; car la consécration des siècles leur

est acquise, et l'expérience de chaque jour les rajeunit.

Enfin le plaisir même qu'on éprouve à découvrir la vérité n'est-il pas à lui seul une suffisante et bien douce récompense? Je n'en veux pour témoin que le célèbre εϋρηϰα d'Archimède, naïve et touchante manifestation de la joie d'un grand homme.... .`

Mais je m'égare en considérations qui m'entraîneraient trop loin.

II

La vérité, ai-je dit, est souvent difficile, rarement impossible à atteindre. J'affirme qu'on peut l'atteindre. Ici je ne m'arrêterai pas aux objections de certaines écoles philosophiques. Sous peine de renoncer à vivre, la science du droit ne saurait s'accommoder, dès son point de départ, de doutes ou de négations. Forte du consentement de tous les temps et de tous les peuples, elle écarte les doctrines purement spéculatives, et prend pour constant qu'il existe des moyens de découvrir la vérité.

Quelque divers qu'ils soient, ces moyens se confondent sous le nom de preuves.

Je n'aurai garde ici de me livrer à une étude approfondie des preuves, soit au point de vue de la philosophie, soit même au point de vue du droit. Ce serait pur hors-d'œuvre. Rappelons seulement les idées fondamentales.

On entend par preuve tout moyen par lequel l'intelligence arrive à la découverte de la vérité. Je néglige ici la signification détournée qu'on donne parfois au mot preuve. On dira, par exemple, dans ce sens : il y a preuve dans l'esprit du juge. Il est clair qu'ici preuve est pris pour conviction. On confond le but avec le moyen. C'est à cette acception du terme preuve que se rattachent les notions de doute, probabilité, certitude, et la division souvent critiquée [1] des preuves en pleines et demi-pleines.

1. Cujas notamment rejette cette distinction en termes énergiques : « Ut veritas, ità probatio semdi non potest. Quæ non est plena veritas « est plena falsitas, non semi-veritas. Sic quæ non est plena probatio « plané nulla probatio est. » Là-dessus, Toullier, partisan de la distinction, critique Cujas pour se voir à son tour attaquer par les auteurs venus après lui.

La controverse qui divise ces jurisconsultes n'a-t-elle pas son fondement dans les mots plutôt que dans les choses ? Et ne serait-il pas possible de concilier tout le monde ? La difficulté provient uniquement, il me semble, de ce qu'on ne s'entend pas sur le terme preuve. Ce terme, je le répète, est équivoque.

Entendue dans le sens de conviction, la preuve, ceci me paraît hors de doute, est susceptible de degrés. J'aurai certainement plus de confiance dans la véracité du rapport qui m'est fait par mille ou par cent personnes que dans celui qui m'est fait par dix ou par une. La doctrine de Toullier est donc exacte à ce point de vue.

Que si, au contraire, preuve doit se dire selon nous et selon la définition de Domat reproduite par Toullier lui-même, de « tout moyen propre à persuader l'esprit d'une vérité », il devient bien difficile d'admettre une prétendue distinction en preuves et demi-preuves. Ou le moyen, la preuve mise en avant, suffit à convaincre le juge, ou elle ne suffit pas : il n'y a pas de milieu. Si elle suffit, s'il y a certitude chez le juge, celui-ci doit recevoir la demande. Si le moyen de preuve employé est insuffisant, si l'esprit du juge n'en est point touché ou flotte seulement dans le doute, la prétention qui s'affirmait doit échouer ; et ceci en vertu du principe si connu : *in pari causâ potior est causa prohibentis*. En ce sens pas de place pour une demi-preuve. Interprété suivant cette dernière donnée (et cette interprétation me paraît très-naturelle), le texte de Cujas ne laisse aucune prise à la critique. Il est indubitable qu'aux yeux du juge : *si quæ non est plena probatio, plané nulla probatio est.*

Telles que je les ai définies, c'est-à-dire considérées comme moyens de découvrir la vérité, les preuves se divisent en directes et indirectes. La preuve directe ou intuitive, c'est la lumière sans nuages, c'est l'évidence qui n'est que l'épanouissement de la vérité. La preuve indirecte ou médiate, ou preuve proprement dite, suppose une difficulté plus sérieuse. Il s'agit, à l'aide de notions déjà connues, d'éclairer un point resté dans l'ombre. Rapprochant du fait inconnu à prouver un fait certain, indéniable, la raison examine, compare, se recueille et conclut. C'est exclusivement ce dernier sens que la langue vulgaire attache au terme preuve. Cela tient à ce que la preuve tirée de l'évidence engendre un si mince travail, un si imperceptible effort qu'un examen superficiel les néglige. L'effort existe cependant; et, quoique, ordinairement à notre insu, l'évidence elle-même procède d'un raisonnement toujours basé sur la prémisse fondamentale : j'existe.

Prouver, c'est donc, en somme, conclure du connu à l'inconnu. L'esprit part-il d'une idée générale incontestée pour en dégager toutes les conséquences : ce sera la déduction. Ou bien, au contraire, d'une série de faits isolés et spéciaux, conclut-il par l'observation à une règle générale : c'est l'induction. Evidence, induction, déduction, voilà le triple aspect sous lequel la preuve peut se présenter au philosophe.

Mais les législations tiennent peu de compte des divisions théoriques. En vain certains jurisconsultes ont-ils à cœur de se livrer sur la matière à de symétriques classifications. Ce n'est pas qu'on ne puisse glaner des idées vraies dans leurs distinctions entre

les preuves du fait et du droit, entre les preuves arti-
ficielles et inartificielles, ou encore entre les preuves
préconstituées et casuelles. Mais, outre qu'elles ne
sont pas toujours très-nettement établies, ces divisions ne présentent guère qu'un intérêt doctrinal.
Aussi la pratique évite de s'engager sur ce terrain et
s'en tient sagement à la division du Code.

Le législateur de 1804 a classé les preuves d'après
la forme sous laquelle elles se présentent devant les
tribunaux. L'article 1316 signale cinq modes de
preuve: la preuve littérale, la preuve testimoniale,
les présomptions, l'aveu de la partie et le serment.
On pourrait en ajouter un sixième dont il est traité au
code de procédure : c'est l'expérience personnelle du
juge, dont la descente sur les lieux et l'expertise présentent des applications.

La preuve testimoniale fera seule l'objet de ce
travail.

III

La preuve par témoins est aussi vieille que le
monde. Sitôt que deux hommes ont été mis en présence, dès l'origine de la première société, on a dû
recourir au témoignage de ses semblables. L'intérêt
de chacun y trouva son compte. « Sans la foi au témoignage, dit Bentham, les affaires sociales ne marche-
raient plus, tout le mouvement de la société serait
paralysé; nous n'oserions plus agir, car le nombre
des faits qui tombent sous la perception immédiate
de chaque individu, n'est qu'une goutte d'eau dans le

vase, comparé a .eux dont il ne peut être informé
que sur le rapport d'autrui. »

La disposition d'esprit qui nous porte à croire au
témoignage, outre qu'elle se concilie avec nos intérêts,
est justifiée par la raison. Elle se fonde, en effet, sur
la véracité présumée de l'homme [1]. Or, quoique la
Bible ait pu dire : « *omnis homo mendax* », il n'est pas
moins certain que le nombre des témoignages vrais
l'emporte incomparablement sur celui des témoignages faux [2]. Aussi, la créance au témoignage est-
elle la base de presque toutes nos connaissances. Sup-
primez le témoignage : que restera-t-il de l'histoire,
de la géographie et de toutes les sciences expérimen-
tales ?

On le voit, je prends ici le terme témoignage dans
son acception la plus large. Ainsi entendu, il comprend, au seul point de vue du droit, avec la preuve
par témoins proprement dite, l'aveu, le serment et
même la preuve littérale. Il comprend la preuve littérale : car sur quoi repose la force probante d'un
écrit, acte authentique ou sous seing privé, si ce n'est
sur le témoignage des personnes qui l'ont signé ? On
pourrait donc ramener a trois les six modes de preuve
énumérés plus haut. Ce seraient : l'expérience personnelle, le témoignage, les présomptions. Mais, j'ai
hâte de le dire, ce n'est pas en donnant au terme
témoignage une portée aussi étendue, que j'ai entre-
pris cette étude. Le temps et les forces m'auraient
manqué. Je n'aborde que la preuve par témoins pro-

[1]. Le témoignage n'est donc qu'une variété de l'induction.

[2]. Le philosophe Reid constate dans l'esprit humain une double
tendance : à dire la vérité, à croire au témoignage.

prement dite, celle qui a pour objet la déposition orale des témoins devant les tribunaux, celle, en un mot, dont il est traité dans les articles 1341 à 1348 du Code civil.

Même entendue en ce sens restreint, la preuve par témoins peut se targuer d'une antique origine. Elle était en grand honneur chez les Juifs : « *In ore duorum vel trium peribit qui interficietur (Deuteronome). In ore duorum vel trium testium stabit omne verbum (Paulus 2 ad Cor. cap. 13). Christus dixit : in lege nostrâ scriptum est quia duorum hominum testimonium verum est (Joan. cap. 8, vers. 17).»* La preuve par témoins était aussi en usage chez les Grecs, comme il apparaît par les fragments qui nous restent de la législation athénienne. Il n'est d'ailleurs besoin d'aucun document pour être assuré que, dans tous les temps et chez tous les peuples, elle a dû jouer un rôle considérable dans l'administration de la justice. Elle est éminemment de droit naturel.

Mais si la preuve par témoins a accès auprès de toutes les législations, elle ne reçoit pas d'elles un accueil uniforme, toujours également favorable. Les unes l'adoptent, la tiennent en estime, l'entourent de respect et de liberté; les autres la redoutent et la traitent en esclave. Elle a ses panégyristes et ses détracteurs: de là comme deux systèmes de législation en présence. Les premiers placent dans le témoignage une confiance presque illimitée. La supprimer ou l'amoindrir, selon eux, c'est insulter à l'homme et faire injure au juge, c'est entraver les conventions sans utilité, et condamner les tribunaux à l'ignorance, autant vaut dire à l'injustice. Tout naturellement, les seconds professent l'opinion contraire. Ils considèrent le témoignage comme un dangereux malfaiteur qui peut faire des révélations utiles, mais dont il faut se garder de couper les liens. Tant vaut le témoin, disent-ils, tant vaut le témoignage. Or le témoin est homme, et, comme tel, exposé à d'innombrables chances d'erreur ou de corruption. La haine, la jalousie, l'intérêt, l'amitié même influeront, peut-être à son insu, sur sa déposition. Elle sera la traduction de sa pensée plutôt que la traduction de ce qui s'est passé. Parfois même, il ne rapportera qu'un simple ouï-dire[1]. D'un autre côté, oserait-on promettre de la part de tous les juges une prudence parfaite, une clairvoyance infaillible? « Quelle habileté, dit le docte Toullier, quelle profonde connaissance du cœur humain, quelle habitude des affaires, quelle attention ne faut-il pas pour juger avec certitude, quand un témoin est sincère ou quand il trahit la vérité ! »

Je ne me permettrai pas d'opter et de trancher le débat en faveur de l'un ou l'autre camp. Peut-être d'ailleurs, et j'aurai occasion de revenir sur cette idée, pourrait-on successivement louer chaque doc-

---

1. C'est ce qui s'était produit dans la célèbre procédure contre les Calas. Pour parvenir à la connaissance du juge, un indice grave avait passé par l'intermédiaire de quatre témoins qui se l'étaient, disait-on, successivement transmis ; il est clair que plus le nombre des intermédiaires augmente, plus les chances d'obtenir la vérité diminuent. Le résultat est le même, selon une comparaison de Laplace, que l'effet produit par l'interposition de plusieurs morceaux de verre entre la vue et l'objet qu'on veut apercevoir. Chaque verre ajouté intercepte la lumière et accroît le trouble de la vue.

trine ? Peut-être devrait-on tenir compte des temps, des mœurs, des civilisations.... [1]

Ma tâche est plus modeste. Ce que fut le témoignage à Rome, ce qu'il est sous l'empire du Code civil, et, comme transition pour relier ces deux points, quelles transformations il subit en passant par l'ancien droit français : tel sera le triple objet de ce travail.

J'ai hâte cependant de faire certaines réserves. C'est ainsi que j'écarte volontairement en droit français : d'une part, la preuve par témoins au criminel; de l'autre, la mise en œuvre du témoignage réglée par le Code de procédure au titre des Enquêtes. J'émonde davantage encore. Je laisse de côté, ou, du moins, je ne ferai qu'analyser, dans un très-court appendice, les dispositions exceptionnelles qui gouvernent la preuve par témoins en certaines circonstances, spécialement en matière de questions d'état. Je n'insisterai guère non plus sur cette preuve testimoniale de second ordre qu'on appelle commune renommée.

Ainsi circonscrit, mon sujet est encore assez vaste. Il s'appellera, si on veut, assez exactement en droit français : *de l'admissibilité de la preuve testimoniale en matière civile ordinaire*. En droit romain, où les matériaux étaient rares, je n'avais pas à me borner. Autant j'étais au large dans le Code civil, autant je me sentais à l'étroit dans le Digeste [2]. Sous peine de me jeter à travers l'inconnu, et de me heurter à des im-

---

1. Les deux systèmes sont appliqués en Europe. J'indique ailleurs quel est à peu près, sur ce point, l'état des législations contemporaines.

2. Je m'entends adresser un reproche. C'est à tort, dira-t-on, que,

possibilités, je devais m'en tenir à un exposé général.
Ce n'était que prudence ; c'est aussi la méthode que
j'ai suivie. J'ai donc traité en droit romain : *de la preuve
par témoins* sans restriction.

pour reconstituer le témoignage à Rome, je me plains de l'insuffisance
des matériaux. N'ai-je pas le Digeste, le Code, les Novelles ?

Je crois avoir déjà répondu à l'objection en faisant observer que ce
travail a principalement trait à l'autorité de la preuve par témoins.
Or, l'œuvre de Justinien sur le témoignage touche surtout à la procédure.

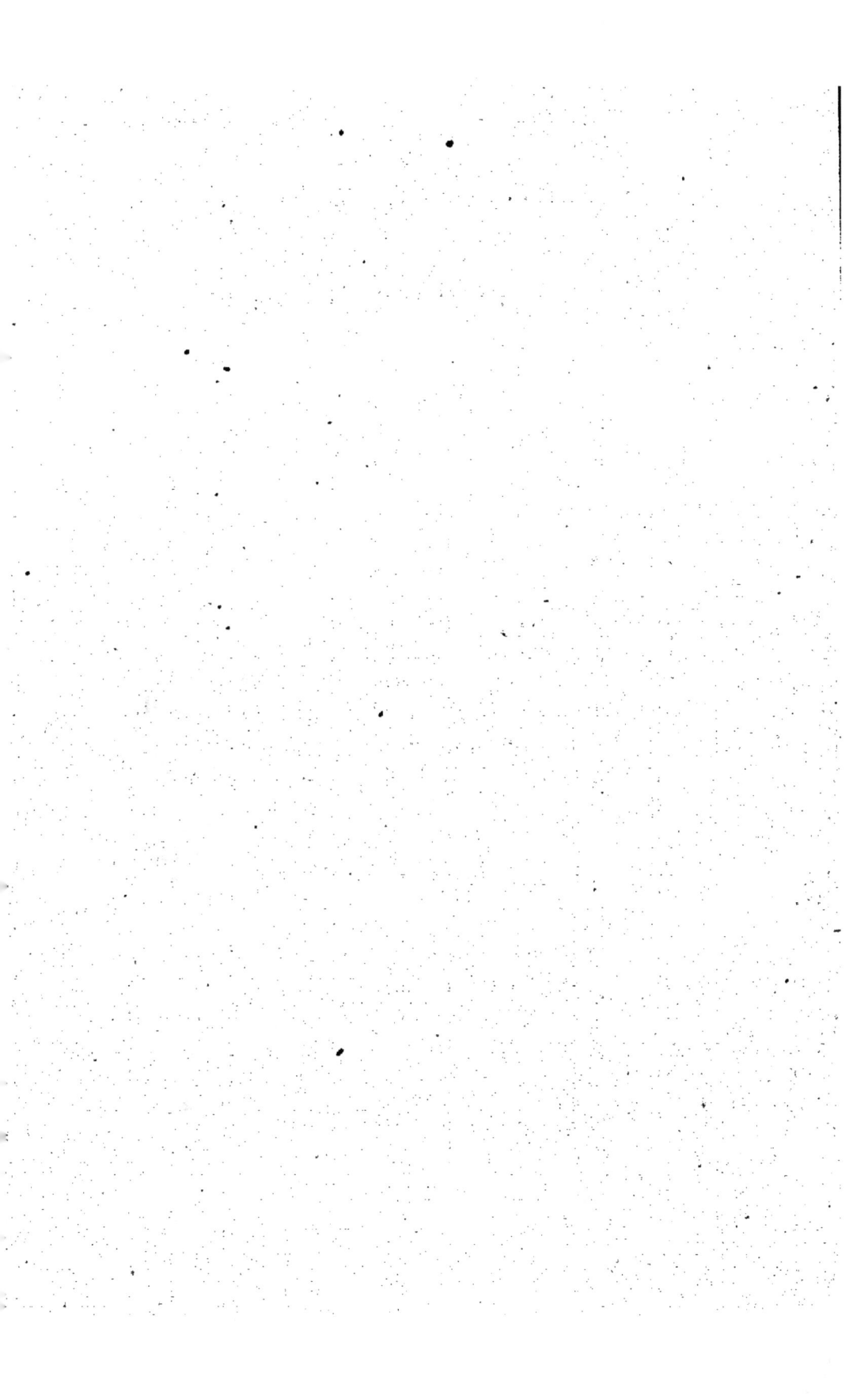

DROIT ROMAIN

DE LA PREUVE PAR TÉMOINS.

PROLÉGOMÈNES.

La théorie de la preuve par témoins en droit romain est généralement peu connue. Les auteurs modernes les plus estimés la laissent presque complétement dans l'ombre ; à peine l'effleurent-ils en passant. Il serait injuste cependant de leur en faire un reproche. La faute en est, si faute il y a, au temps qui n'a guère respecté les œuvres des jurisconsultes [1] ; la faute en est aussi peut-être à la législation romaine. Cette législation, dont les formes sont si vigoureusement accusées, les allures si franches, les traits habituels si nets, si caractéristiques, cette législation, dis-je, nous apparaît ici indécise, flottante, parfois contradictoire, comme si elle s'ignorait elle-même. Aussi le jurisconsulte qui s'aventure sur ce terrain mouvant n'ose avancer qu'avec une lenteur prudente. Que cette considération me fournisse une excuse si ma

---

1. Il est très-regrettable notamment que le livre d'Arcadius « de testibus » ne nous soit pas parvenu.

marche est trop souvent timide, embarrassée, hési-
tante. Le pays n'est guère exploré : et je suis presque
sans guide,

Comment peut-on prouver à Rome ? C'est une question laissée en général à l'appréciation du juge. En
théorie pure, deux systèmes sont en présence: l'un,
le système des preuves légales, enchaîne la conviction
du juge par des règles précises, absolues, en dehors
desquelles il ne lui est pas permis de rechercher la
vérité[1] ; l'autre ne lui demande compte que de ce qui
a déterminé son intime conviction. C'est ce dernier
système qui dominait à Rome et fut suivi jusqu'au Bas-
Empire. Un rescrit d'Adrien en contient l'expression
parfaite : « *Quæ argumenta et ad quem modum probanda*
cuique rei sufficiant, nullo sæpe certo modo definiri potest.
Sicut non semper, itâ sæpè publicis monumentis cujusque rei
veritas deprehenditur. Aliàs numerus testium, aliàs dignitas
et auctoritas, aliàs veluti consentiens fama confirmat rei de
quâ quæritur fidem. Hoc ergo solùm tibi rescribere possum
summatim, non utique ad unam probationis speciem cogni-
tionem statim alligari debere, sed ex sententiâ animi tui
te æstimare debere, quid aut credas, aut parùm probatum tibi
opinaris. »

Comme le droit français, le droit romain recon-
naissait, sinon en théorie, du moins en fait, cinq principaux modes de preuve : la preuve littérale, la preuve
testimoniale, les présomptions, l'aveu et le serment.

---

1. Ce système a été longtemps pratiqué en Angleterre. On cite à ce
propos le plaisant embarras d'un tribunal anglais en présence d'un
condamné venu spontanément recevoir sa sentence, sans que le shérif
l'eût envoyé, comme les formes l'exigeaient.

On appelait dans un sens général *testimonium* toute affirmation orale ou écrite d'un fait. C'est ainsi que Cicéron, opposant le *testimonium* à la preuve interne, c'est-à-dire aux moyens de conviction que l'argumentation peut tirer de la cause elle-même le définit : *testimonium dicimus omne quod ex aliquâ re externa sumitur ad faciendam fidem.* » (*Topic.*) Au *testimonium*, ou preuve externe, on oppose quelquefois l'*argumentum* qu'on nomme preuve interne. On fonde surtout cette distinction sur la double autorité de Cicéron et de Quintilien. Le premier appelle l'*argumentum*, *probabile inventum ad faciendam fidem* ; et le second, *ratio quæ rei dubiæ præstat fidem.* Rapprochant ces définitions de celle du *testimonium*, on s'efforce d'établir un parallèle, un contraste, une ligne de démarcation bien dessinée entre l'*argumentum* et le *testimonium*.

C'est là ce que je ne puis parfaitement saisir. Il me semble que c'est aller trop loin que de considérer l'*argumentum* et le *testimonium* comme deux modes de preuve véritablement distincts. Qu'est, en effet, d'après les définitions même qu'on vient de lire[1], qu'est l'*argumentum* autre chose que le raisonnement en général ? Et alors comment admettre que la preuve appelée *testimonium* n'y soit pas comprise ? Quelle preuve pourrait se passer de raisonnement ? Le *testimonium* n'est donc tout au plus qu'une branche de l'*argumentum*, que l'*argumentum* appliqué aux faits externes.

_____

1. Le même Quintilien définit encore l'argumentum : *ergó quum sit argumentum, ratio probationem præstans, quâ colligitur aliquid per*

2

J'avoue, en toute, franchise que, même ainsi formulée, cette distinction ne me satisfait guère. Il serait, si je ne me trompe, à la fois plus exact et plus clair de ne voir dans le *testimonium* qu'un fait, un simple fait dont le raisonnement, l'*argumentum*, sait tirer un habile parti pour en dégager des conséquences. Le *testimonium* serait le poids, l'*argumentum* le levier. Mais je n'oserais garantir que telle fût bien l'interprétation romaine [1]. Au reste, ce n'est là qu'une question de mots sur laquelle je n'eusse pas insisté si elle ne se fût offerte au seuil de mon sujet. C'est surtout au début d'une œuvre quelconque qu'il importe de prévenir les équivoques.

Le *testimonium*, tel qu'il a été défini plus haut, comprend les témoignages oraux et écrits : *testes et instrumenta* [2]. Les témoins sont les personnes qui viennent affirmer, sur l'interrogation du juge ou des parties, ce qu'elles savent des faits contestés. On désigne sous le nom d'*instrumenta* les écrits dressés pour constater l'existence d'un fait juridique. Les *instrumenta* se trouvant en dehors de notre sujet, nous nous attacherons seulement aux *testes*. Nous écarterons même les témoins *instrumentaires*.

Assister à un acte pour concourir à sa confection et

---

aliud, et quæ, quod est dubium, per id quod, dubium non est, confirmat, etc.

1. Je pourrais peut-être en ce sens me prévaloir d'un passage de Cicéron où on trouve ces mots : *Quibus rebus fit argumentis, aut in re ipsâ insitis aut assumptis. Assumptis* signifie certainement, *pris en dehors de la cause* : ce qui tendrait à faire supposer que le terme *argumenta* est général, et comprend les faits externes comme les faits internes.

2. On pourrait même y faire rentrer l'aveu et le serment.

certifier plus tard l'existence de cet acte, constituent
deux faits distincts, comme deux fonctions diverses
qui peuvent être remplies, soit par la même personne,
soit par des personnes différentes. Aussi faut-il bien
distinguer l'assistance des témoins à la passation de
l'acte, *ad solemnitatem*, et leur déposition devant le juge
ad probationem. On peut appeler les seconds témoins
judiciaires : ce sont ceux qui comparaissent devant le
juge, *ut de facto quo controvertitur fidem faciant*[1].

. Je me suis souvent représenté le droit romain comme
un gigantesque édifice auquel, pendant plus d'un
millier d'années, chaque génération est venue mettre
la main, chaque âge laisser son empreinte. L'ensemble
est majestueux, harmonieux même; l'œuvre tout
entière a un cachet de grandeur et d'inébranlable
solidité. Mais on y retrouve la trace de plusieurs
styles; il y a comme différents étages d'architecture.
On s'étonne, en contemplant la base de sa sobre et
fière ordonnance, de sa magistrale et austère régularité.
On admire au sommet la hardiesse élancée des voûtes
l'ampleur et la délicatesse des chapiteaux, la légèreté
capricieuse des dentelures. En bas, c'est la force seule
qui domine; en haut, c'est encore la force, mais la
force doublée de grâce. En bas, c'est le plein cintre;
en haut, c'est l'ogive (qu'on me pardonne l'anachro-
nisme). Dans l'intervalle, on peut suivre le progrès des
siècles et la gradation des styles. C'est même assurément une étude des plus attrayantes que d'observer
pas à pas ces transformations successives.

1. La distinction est formellement établie par Justinien dans la novelle 90.

Malheureusement il ne me sera pas donné de m'y livrer. C'est à peine, en effet, si quelques vestiges de la législation romaine sur la preuve par témoins ont été conservés. On doit particulièrement déplorer la perte du livre d'Arcadius : *de testibus*. Sans doute, on y pouvait suivre la marche de la législation romaine sur les preuves en général et le témoignage en particulier ; tandis qu'il faut passer presque sans transition des quelques notions incomplètes que nous fournit la loi des Douze Tables, aux fragments de l'époque classique conservés dans les Pandectes, et aux constitutions impériales.

Ce qu'on peut affirmer cependant, c'est que la preuve testimoniale a toujours été en usage à Rome et qu'elle dut y jouir à toute époque d'une indépendance presque absolue. La loi des Douze Tables en fait plusieurs fois mention. La loi première de la première table porte : « *si in jus vocat, ni it, testamino; igitur em capito :* Si l'ajourné ne veut pas comparaître devant le juge, que celui qui ajourne prenne des témoins, qu'ensuite il appréhende la partie adverse. » La deuxième table, s'occupant du mode de convocation des témoins, dit encore : « *Cui testimonium defuerit, is tertiis diebus ob portum obvagulatum ito :* Que celui qui réclame le témoignage de quelqu'un aille devant sa porte lui en faire la dénonciation pour le troisième jour de marché. » Enfin la table septième : « *qui si steterit testarier libripensve fuerit, ni testimonium fariatur improbus intestabilisque esto :* Si quelqu'un s'est trouvé présent à un acte ou a rempli les fonctions de *libripens*, et qu'il refuse de rendre témoignage, qu'il soit déclaré infâme, incapable de servir à l'avenir de témoin, et que nul ne

soit tenu de déposer en sa faveur. » Pour stimuler la
mémoire du témoin, on lui pinçait trois fois l'oreille
en lui disant : *memento quod mihi in illa causa testis eris.*
Le faux témoin était condamné à être précipité de la
roche Tarpéienne.

Du droit rudimentaire, impitoyable, de la loi des
Douze-Tables, il nous faut passer brusquement aux
compilations de Justinien. Le Digeste et le Code con-
sacrent chacun un titre aux témoins [1]. Il résulte de la
lecture de ces deux titres que, tant à l'époque classique
qu'à l'époque de Justinien, la preuve testimoniale
subsistait honorée, sans entraves. On ne se défiait pas
comme chez nous du témoignage. En veut-on une
preuve éclatante ? Les jugements eux-mêmes, ce qui
choque étrangement nos habitudes modernes, n'é-
taient pas le plus souvent constatés par écrit. A peine
accordait-on au juge, et comme par faveur, le droit
de se servir à l'audience, pour prononcer le jugement,
de notes rédigées d'avance. Si plus tard l'existence
ou les termes du jugement étaient contestés, on voyait
apparaître une action spéciale, l'action *judicati*, principalement fondée sur le témoignage.

« Et cependant, dit un auteur moderne, les mœurs
étaient loin d'être pures à Rome, du moins sous l'empire. Les faux témoins n'ont jamais manqué aux accu-
sations politiques; on connaît le mot sanglant de
Tacite (Hist. livre Ier § 2): *Quibus deerat inimicus, per
amicos oppressi* [2]. »

C'est donc ailleurs qu'il faut chercher le motif de la

1. On peut y ajouter : la novelle 90 et le titre XV du livre V des
sentences de Paul.
2. M. Bonnier dans son excellent *traité des Preuves.*

complaisance avec laquelle les Romains virent si longtemps la preuve testimoniale. On n'en saurait, je crois,
donner de meilleure explication que l'habitude, le
plus puissant peut-être des législateurs, et sans doute
le respect superstitieux de la loi des Douze-Tables.

Quelle fut exactement l'autorité, la force probante
de la preuve par témoins? Qui peut être témoin?
Quelles règles président aux enquêtes, c'est-à-dire
à la convocation et à l'audition des témoins? Enfin
quels châtiments punissent les faux témoignages?
Telles sont les questions que nous nous proposons de
résoudre.

SECTION I.

AUTORITÉ DE LA PREUVE PAR TÉMOINS.

Chez les Romains, avons-nous dit, la preuve testimoniale était admise dans tous les cas et avait pleine
force probante. Cela ressort de plusieurs extraits du
Digeste, et notamment de la loi 25, *de probat.*, et de la
loi 5 *de fide instrum.* Sans doute, à mesure que l'écriture fut plus répandue et les procédés matériels per-
fectionnés, la preuve écrite devint plus en usage.
Mais les textes, tout en faisant présumer que l'hypothèque par exemple, le partage, la vente, étaient
habituellement constatés par écrit, établissent, à n'en
pouvoir douter, que la preuve écrite n'était pas nécessaire[1].

1. L. 1, D., de fide instrumentorum ; L. 9, C. eod. titulo, etc.

Il est certain toutefois que les motifs qui ont fait chez nous restreindre la preuve testimoniale, avaient jeté sur elle un certain discrédit. Cicéron disait, dans son discours pour Cælius : « *Equidem vos obducam à testibus, neque hujus judicis veritatem, quæ mutari nullo modo potest, in testium voluntate collocari sinam.* » Et Justinien : « *Testium facilitatem per quos multa veritati contraria perpetrantur, prout possibile est resecantes : omnibus prædicimus ut qui in scriptis à se debita retulerint, non facile audiantur, si dicant, omnis debiti vel partis solutionem sinè scriptis se fecisse, velintque viles et forsitan redemptos testes super hujusmodi solutione producere.*

Mais enfin, l'admissibilité de la preuve par témoins est la règle. Cette règle simplifie singulièrement notre tâche. Il suffira de passer en revue quelques hypothèses qui méritent une mention spéciale.

La preuve par témoins était reçue en matière de questions d'état, bien que Marc-Aurèle eût prescrit, surtout pour les naissances, la tenue de registres réguliers. Ce qui avait le plus d'autorité ici, c'étaient ce que les textes appellent *tabulæ, professio parentum,* registres domestiques, actes de naissance privés, sans doute. Mais ni leur défaut, ni leur existence n'excluait la preuve pour ou contre par tous les moyens possibles. « *Nec omissa professio probationem generis excludit, nec falsa simulatio veritatem minuit* [1]. »

Justinien essaya d'exiger un écrit, un *instrumentum dotale* pour le mariage. Le motif qu'il donne mérite d'être remarqué : *multa quidem et continuæ lites nuntiata nostræ majestati, ad opus nos deduxerunt hujus legis.* C'est

---

1. L. 15, C., de liberali causâ.

la raison que, dix siècles plus tard, le chancelier de L'Hospital fera valoir dans le préambule de l'Ordonnance de Moulins. Mais la liberté de la preuve quant au mariage était si enracinée dans les mœurs, que Justinien dut borner ses exigences aux grands personnages de l'emp're [1].

Valla cite plusieurs faits qui, suivant lui, devraient être constatés par écrit: ce sont des hypothèses plausibles, il est vrai, mais qu'on ne saurait étayer sur aucun texte précis [2]. J'aborde donc immédiatement les décisions les plus remarquables. Ce sont celles qui concernent la preuve de l'ingénuité et la preuve du paiement. C'est surtout la question si célèbre et si débattue du conflit de la preuve par écrit et de la preuve testimoniale. En terminant cette section, j'examinerai combien de témoins sont nécessaires pour constituer, en règle générale, une preuve suffisante.

I. — *Preuve de l'ingénuité.* — On sait quel était le prix de l'ingénuité à Rome. Aussi paraît-on s'être montré d'une certaine susceptibilité sur le choix des modes de preuve. « *Si tibi controversia ingenuitatis fiat, defende causam tuam instrumentis et argumentis quibus potes : soli etenim testes ad ingenuitatis probationem non sufficiunt* [3]. » Ce texte qui paraît si clair a cependant donné lieu à de vives controverses. On a d'abord vu une inexactitude dans l'expression *defende causam tuam.....* Elle est, a-t-on dit, inexplicable en toute hypothèse, en ce sens

1. Nov. 78, chap. 4.
2. Valla de rebus dubiis et quæstionibus in jure controversis tractatus viginti.
3. L. 9, C. de testibus.

qu'elle ne peut s'appliquer ni au demandeur, ni au défendeur. Si le législateur avait eu en vue le demandeur, c'est avec raison qu'il lui ordonnerait de prouver sa demande, car *onus probandi incumbit ei qui dicit;* mais le mot *defende* démontre qu'il s'adresse au défendeur. Or, quant au défendeur, comment admettre, dans cette hypothèse, que la loi lui impose le fardeau de la preuve? Le défendeur n'a rien à prouver! (L. 8. et 23, C. *de probationibus.*)

Cette critique n'est évidemment pas sérieuse, c'est une chicane de mots. Il est manifeste que les termes de la loi 2 s'appliquent également au demandeur revendiquant son ingénuité, et au défendeur à qui la conteste son adversaire. Le mot *defende* n'est pas pris ici dans son acception strictement légale. Celui qui veut établir son ingénuité défend ses intérêts, défend ses droits, bien qu'il ne soit pas défendeur. D'un autre côté, celui qui, étant en possession de son ingénuité, résiste aux prétentions de son adversaire qui la conteste, peut, quoique défendeur, avoir à faire la preuve *instrumentis et argumentis,* en vertu de la maxime: *reus excipiendo fit actor.* Si, par exemple, on démontre qu'il a été esclave, et s'il prétend que sa servitude fût injuste, il ne peut triompher dans son exception que s'il parvient à prouver son dire.

La loi 2 C. *de testibus* porte en second lieu: « *Soli etenim testes ad ingenuitatis probationem non sufficiunt.* » Il résulte bien clairement de ce membre de phrase qu'une exception doit être faite à la règle, et que le témoignage, suffisant en principe, doit être, en ce qui concerne l'ingénuité, corroboré par des écrits ou d'autres moyens de preuve. D'excellents esprits ont pour-

tant soutenu que ce texte devait être interprété autrement. D'après eux, voici quel serait le sens de la loi.
Un certain Carpus, se prétendant ingénu et manquant
de témoins pour asseoir sa prétention, s'adresse à
l'empereur Alexandre Sévère et lui demande s'il pourrait triompher en établissant son ingénuité par d'autres moyens de preuve. L'empereur lui répond que le
défaut de témoins ne saurait lui nuire. Vous pouvez,
lui dit-il, faire la preuve comme vous l'entendrez ; car
*l'ingénuité ne s'établit pas seulement par la preuve orale,
mais aussi par tout autre mode de preuve.* Suivant cette
interprétation, le texte devait être corrigé, et il faudrait lire : *Non soli enim testes ad ingenuitatis probationem
sufficiunt.* On motive cette correction sur l'autorité de
la loi 25 au Code *de prob.*, d'après laquelle la preuve
testimoniale serait la première des preuves, la preuve
de droit commun. On s'appuie encore sur une loi 6. C.
de fide instrum. : « *Statum tuum, natali professione perdită,
mutilatum non esse, certi juris est.* » Or, dit-on, en supposant que les écrits soient perdus, si on soutient
que la preuve testimoniale est insuffisante dans les
questions d'état, il faudra décider, contre la disposition
de cette loi, que la preuve est désormais impossible.

Si spécieuses qu'elles soient, ces considérations suf-
fisent-elles à justifier l'altération qu'on fait subir au
texte ? Nous nous refusons à le croire. La loi 25 C. *de
probation.* se borne à indiquer trois sortes de preuves :
« *testes idonei, apertissima documenta, indicia ad probationem indubitata.* » Mais elle n'exclut aucunement, par
ses termes, les exceptions qui pourraient être appor-
tées par d'autres lois au principe qu'elle pose. L'argument tiré de la loi 6. C. *de fide instr.* n'est pas plus

concluant. Elle dit bien qu'en cas de perte de l'écrit qui constate l'état de la personne, la partie ne sera pas réduite à l'impuissance; mais elle ne dit pas que la preuve testimoniale suffira. Si les *professiones parentum*, c'est-à-dire les papiers domestiques constatant la naissance d'un enfant, viennent à s'égarer, on pourra recourir à d'autres écrits. La preuve pourra même se faire par témoins, d'après les termes de la loi 6, pourvu que les témoignages soient corroborés par un commencement de preuve écrite ou par de fortes présomptions. Mais de là à soutenir que la preuve orale suffit à elle seule pour établir l'ingénuité, il y a un pas considérable que nous ne pouvons franchir, car il nous faudrait marcher sur un texte. A moins d'une raison majeure, on ne saurait admettre un changement qui dénature le sens de la loi.

Une constitution extraite des Basiliques et attribuée par Cujas à Zénon, exige cinq témoins pour la preuve de l'origine (*generis*), s'il n'y a aucun titre, et trois si leur témoignage se fortifie de commencements de preuve[1].

II. — *Preuve du paiement.* — Justinien distingue soigneusement deux hypothèses[2]. La dette a-t-elle été constatée par écrit? Le débiteur devra exiger une quittance. Sinon, il devra faire la preuve de sa libération, non pas par deux témoins d'après le droit commun (L. 13, D. *de testibus*), mais par cinq témoins *idonei* qui viendront affirmer, sous serment, qu'ils ont

1. L. 13, C. de testibus.
2. L. 13, C. de testibus.

assisté au paiement. Cette disposition s'applique à toute obligation écrite de payer une certaine somme. Si, au contraire, il n'a pas été rédigé d'écrit, le débiteur pourra prouver le paiement par deux témoins. Il est vrai que la loi 17. C. *si certum petatur*, exige trois témoins pour tous paiements excédant la somme de cinquante livres d'or; mais cette loi règle une autre hypothèse : elle prévoit le cas de la rédaction d'un écrit, pour la validité duquel la susdription de trois témoins est, dit-elle, nécessaire.

Pourquoi cette différence entre le cas où il existe un écrit et celui où il n'en existe pas? On a dit : Quand, dans ce dernier cas, le débiteur vient affirmer qu'il a payé sans exiger une quittance, son affirmation est vraisemblable; elle est conforme à ce qui se passe ordinairement: il est, en effet, naturel que le débiteur n'exige pas pour sa sûreté plus que le créancier n'a exigé de lui. Que si, au contraire, un acte est là pour révéler l'existence de la dette, on ne croira pas facilement celui qui se prétend libéré sans produire de quittance. Son affirmation est suspecte à juste titre; on ne peut guère supposer qu'il ait eu l'imprudence de laisser entre les mains de son créancier un titre qui l'accuse. Lors donc que ce plaideur en appelle à la preuve testimoniale, le législateur exige du témoignage certaines garanties supplémentaires. Les témoins seront au nombre de cinq, ils seront *summæ atque integræ opinionis;* ils déposeront, sous la religion du serment, que le paiement s'est fait en leur présence.

Je ne saurais facilement admettre cette justification. De deux choses l'une : ou deux témoins suffisent à établir la vérité, à faire preuve complète, ou ils ne suffisent pas. Qu'on les reçoive dans le premier cas; dans le second, qu'on les rejette. Qu'importe d'ailleurs le nombre des témoins ? Ce que le juge doit rechercher, ce n'est point un certain nombre ou un cert   poids de témoignages, c'est la vérité; c'est, comme l'a fort bien dit Adrien, une conviction.

Aucune différence n'existe entre la preuve d'un paiement total et la preuve d'un paiement partiel.

Mais on doit apporter un tempérament à la règle que nous venons d'expliquer, pour le cas où, une quittance ayant été délivrée au débiteur, celui-ci l'a perdue par suite d'un événement de force majeure. Le paiement pourrait alors être prouvé par témoins d'après le droit commun. Cette décision résulte de la dernière phrase de la constitution qui nous occupe : « *sin vero facta quidem per scripturam securitas sit, fortuito autem casu, vel incendii vel naufragii, vel alterius infortunii perempta, tunc liceat his qui hoc perpessi sunt, causam peremptionis probantibus, etiam debiti solutionem per testes probare, damnumque ex omissione effugere.* » Mais alors le débiteur devra satisfaire à trois conditions. Il devra prouver : 1° qu'il a reçu une quittance, cela résulte des mots : *probare causam peremptionis ;* on ne prouve pas la perte d'un titre qui n'a jamais existé; 2° le cas de force majeure, l'événement qui l'a privé de sa quittance; 3° enfin, il lui faudra établir qu'elle a été perdue par suite de cet événement.

On devrait toutefois se montrer très-facile en ce qui concerne la preuve de la première et de la troisième condition. Pour la première, par exemple, il ne serait pas nécessaire, selon nous, que les témoins eussent

lu le contexte de la quittance. Il suffira qu'ils l'aient
vu; il suffira même parfois de simples présomptions
pour satisfaire le juge. Nous retrouverons une disposition analogue dans l'article 1348 du Code civil. C'est
qu'en effet, l'équité est de tous les temps.

III. — *Conflit entre la preuve littérale et la preuve testimoniale.* — Quelle est l'autorité relative de la preuve
littérale et de la preuve testimoniale en droit romain? En d'autres termes, auquel de ces deux modes
de preuve faut-il donner la préférence si nous les supposons en lutte? Question difficile entre toutes, et
digne d'exercer la sagacité des commentateurs! Presque tous ont tenu à honneur de l'aborder; et de nos
jours encore c'est une arène où les combattants se
disputent une palme toujours indécise. C'est qu'en
effet, on rencontre dans ces parages du droit romain
les textes les plus nombreux, les plus contradictoires,
qui se pressent, se croisent, s'entre-choquent à l'envi,
sans que la vérité se décide à en jaillir. On a déjà
peine à se reconnaître dans le dédale et le désordre de
dispositions puisées dans toutes les parties des œuvres de Justinien. Combien l'embarras est plus grand
lorsqu'il faut conclure! Cinq systèmes principaux se
sont partagés les suffrages des jurisconsultes.

Premier système. — Le premier système a été soutenu par Treutler et par Schulting. D'après eux, la
preuve testimoniale l'emporte sur la preuve écrite. On
cite à l'appui de cette solution la loi 3, § 3, D. *de testibus.* « *Divus Hadrianus Julio proconsuli Macedoniæ rescripsit,
testibus se, non testimoniis crediturum.* » Justinien dit, de
son côté, dans les Novelles : « *Nos quidem existima-*

rimus ea quæ vivd dicuntur voce et cum jurejurando : hæc fide digniora quam scripturam ipsam secundum se subsistere. » (Nov. 73, chap. 3.) Nous ne pouvons adopter ce système : il est contredit par plusieurs textes formels, que nous citerons bientôt, et ceux qu'il invoque sont détournés de leur vrai sens. Il suffit de lire en entier le rescrit d'Adrien pour voir qu'il s'occupe spécialement de causes criminelles, et que, d'ailleurs, il n'a nullement pour but de déterminer la force respective de la preuve littérale et de la preuve testimoniale : « *Nam ipsos interrogare soleo* », dit Adrien ; je veux les interroger et ne me contente pas de leur déposition écrite. Tel est le sens de ce fragment. Quant à la novelle 73, elle suppose un écrit dont la *sincérité* est contestée, et décide simplement que, pour l'apprécier, on doit préférer les témoignages à la comparaison d'écritures, à la *collatio litterarum*. C'est assez exactement ce qui se passe en droit français en matière d'inscription de faux et de vérification d'écritures.

On a aussi invoqué l'autorité de Cicéron (*pro Archia poëta*) : « *Est ridiculum quum habeas amplissimi viri religionem, integerrimi municipii jusjurandum fidemque, ea, quæ depravari nullo modo possunt, repudiare ; tabulas, quas idem dicis solere corrumpi, desiderare.* » Mais il ne faut point perdre de vue, et ceci atténue singulièrement la portée de cette citation, d'une part, que Cicéron parle ici en avocat et non en jurisconsulte ; d'autre part, qu'il s'agit non d'une cause ordinaire, mais d'un procès qui intéresse les lettres et la cité romaine. Bien plus, il suffit de parcourir la suite du plaidoyer pour se convaincre que Cicéron ne prétend pas détruire par la preuve orale l'autorité des écrits. Ce qu'il demande simplement, c'est qu'on lui permette de suppléer par des témoignages à un écrit public qui n'existe plus : « *Hic tu tabulas Heraclensium publicas desideras?....* Mais, ajoute l'orateur, ces tables sont détruites : .... *quas italico bello, incenso tabulario, interiisse simul omnes....* »

Deuxième système. — Domat et Pothier pensent que la preuve littérale avait, à Rome, plus de force que la preuve testimoniale. Le point de départ de leur système est la loi 1 Cod. *de testibus :* « *Contrà scriptum testimonium non scriptum testimonium non fertur.* » Ce texte est une base bien fragile ; il a été restitué au code par Cujas, d'après les Basiliques, et apparaît pour la première fois dans l'édition de Godefroi. On ne sait au juste de quel empereur est la décision qu'il contient ; Cujas l'attribue à Antonin [1]. Au reste, son sens est loin d'être bien clair ; la maxime peut signifier toute autre chose que ce que ce système veut lui faire dire. Schulting la traduisait ainsi : les témoins instrumentaires ne sont pas admis à démentir l'énoncé des actes qu'ils ont signés. Cette interprétation n'a rien de forcé ; on en a donné une autre plus naturelle encore : le *testimonium scriptum*, c'est la déposition écrite opposée au *testimonium non scriptum*, à la déposition orale. La loi 1 C. *de testibus* signifie donc : la déposition orale ne sera pas reçue contre la déposition écrite ; en d'autres termes, un témoin ne mérite pas d'être cru lorsqu'il revient verbalement sur ce qu'il a affirmé par écrit. Voilà l'explication qui se présente tout d'abord à l'es-

---

1. Mais, dit Danty, le judicieux annotateur de Boiceau : « laquelle il « n'ayant point été insérée dans les lois de Justinien, a donné lieu aux « interprètes de droit de soutenir la maxime contraire. »

prit. La loi restituée par Cujas n'introduit donc dans la question aucun élément décisif à cause de son origine suspecte et de son obscurité.

On peut, en faveur de ce système, susciter un argument plus sérieux d'un fragment des Sentences de Paul (L. V. 15. § 4). *Testes quum de fide tabularum nihil dicitur, adversus scripturam interrogari non possunt.* Mais outre que ce texte est absolument isolé, on peut encore répondre qu'il vise peut-être, lui aussi, le cas où des témoins offriraient de démentir de vive voix le contenu de l'acte auquel ils ont concouru. Quant aux lois 10 au Digeste *de prob.* et 31 au code *de donation.* qu'on pourrait encore invoquer, elles demeurent sans force, comme nous le verrons, contre l'opinion que nous ferons nôtre.

Que ce système soit le plus rationnel, le plus séduisant en théorie abstraite, c'est ce que nous n'essayons pas de contester. Mais qu'il soit l'expression de la législation romaine, c'est ce qui nous paraît peu vraisemblable.

Troisième système. — S'il faut en croire Voët et Cujas, la preuve littérale et la preuve testimoniale avaient une valeur égale : « *in exercendis litibus eandem vim obtinent tàm fides instrumentorum quam depositiones testium.* » (L. 15. C. *de fide instrum.*) Tel est le principe. Le juge, en présence d'écrits et de témoignages contradictoires, aura à apprécier quel est le mode de preuve qui, dans l'espèce, doit mériter sa préférence. Ce système a le grand avantage de combiner et de concilier les textes. Il a pour lui la loi 14, *C. de contrak. et committ. stipul.* Après avoir posé en principe qu'on doit ajouter foi à l'écriture relatant que l'acte a été

3

passé en présence des parties, cette loi ajoute : « à moins que celui qui a intérêt à établir son absence, ou celle de son adversaire, ne prouve d'une manière très-claire, sinon par écrit, au moins par témoins irréprochables, que son adversaire ou lui n'était pas dans la ville le jour où la convention a été dressée. »

Le juge a donc toute liberté d'appréciation. Si on oppose des lois qui, par leurs termes, semblent prohiber d'une manière absolue de prouver contre l'écrit, on répond que ces lois prévoient des hypothèses spéciales [1]. Tel est peut-être le cas de la sentence de Paul. (Lib. V. tit. XV, § 4.) Ce système se rapproche beaucoup de celui que nous adopterons.

Quatrième système. — L'autorité de la preuve littérale a dû suivre les progrès de l'écriture. Dans les premiers siècles de la République, l'écriture, étant peu répandue, dut laisser le champ libre à la preuve orale ; à cette période se rapportent les textes qui font prédominer la preuve testimoniale. Bientôt, la preuve littérale apparaît moins timide ; elle s'insinue dans les usages ; les deux modes de preuve entrent en concurrence. C'est l'époque où Constantin écrit dans une constitution : « *In exercendis litibus eamdem vim....* » Enfin, par suite du développement de l'écriture et des travaux des jurisconsultes, la preuve testimoniale baisse à son tour et perd toute créance en présence de la preuve par écrit. Paul alors peut dire : « *Testes quum de fide tabularum nihil dicitur, adversus scripturam interrogari non possunt.* » Marcellus : « *Census et monumenta publica potiora esse testibus, senatus censuit.* » (L. 10 de pro-

---

1. Par exemple, L. 10. D. De probation; L. 31. C, de donationibus, etc.

bat.) L'empereur Justin est encore plus explicite :

« *Generaliter sancimus : ut, si quid scriptis cautum fuerit pro quibuscumque pecuniis ex antecedente causâ descendentibus, eamque causam specialiter promissor dixerit, non jam ei licentia sit causa probationem, stipulatorem exigere, nisi, certè ipse à contrario per apertissima rerum argumenta scriptis inserta, religionem judicis possit instruere, quod in alium quemquam modum, et non in eum quem cautio perhibet, negotium subsecutum sit.* » (L. 13. C. *de non numerat. pecun.*)

Ce système prétend donc reconnaître comme deux courants en sens inverse : l'un qui tend à s'élever sans cesse, l'autre qui tend sans cesse à descendre. La preuve littérale suit le premier ; la preuve testimoniale est entraînée par l'autre.

Cependant, nous ne pouvons adopter cette solution, quelque louable que soit l'idée de conciliation qui l'inspire. Il ne résulte pas de la comparaison attentive des textes que l'autorité de la preuve littérale ait ainsi observé une marche parallèle aux progrès de l'écriture. Ainsi, la Constitution de Constantin, considérée comme point de départ de la seconde période, c'est-à-dire de la période d'équilibre entre les deux genres de preuve, date de l'an 317 ; elle est, par conséquent, postérieure de plus d'un siècle à la constitution attribuée à Antonin qui semble faire prédominer la preuve littérale : *contra scriptum*, etc. — Elle est également postérieure à la loi 10 C. : *Census et monumenta publica....* et à la sentence de Paul : *testes.... adversùs scripturam interrogari non possunt*, qui paraîtrait cependant devoir si nettement marquer la troisième période. D'un autre côté, Justinien ne laisse guère supposer que, sous son règne, la preuve littérale eût fini par l'emporter. Il autorise, nous l'avons vu, la preuve par témoins contre les écrits qui ont pour objet un contrat et particulièrement un prêt à intérêts. (L. 14. C. *de contrah. et committ. stipul.*) S'il paraît incliner en faveur de la preuve par écrit dans quelques hypothèses particulières, telles que le mariage, il serait exorbitant d'en conclure à une règle générale. On pourrait, avec beaucoup plus de raison, tirer un argument à *contrario*....

Observons enfin que l'exception *non numeratæ pecuniæ* fait une brèche profonde à l'autorité de la preuve littérale. Celui qui a eu l'imprudence de reconnaître par écrit un prêt qu'il n'a pas reçu est admis à contester pendant cinq ans d'abord, pendant deux ans sous Justinien, l'existence du *mutuum*. Il y a plus: le créancier qui se présente avec un écrit reste cependant obligé de prouver son droit, quand son débiteur lui oppose l'exception *non numeratæ pecuniæ*. Cette dérogation aux principes généraux est sans doute toute spéciale; elle trouve son explication dans ce fait que la promesse par *chirographum* pour cause de prêt, précédait souvent chez les Romains le versement des espèces. Cependant elle nous permet de présumer que la preuve écrite n'a pas sur la preuve testimoniale toute la supériorité que lui attribue ce système.

Cinquième système. — A tous les systèmes qui viennent d'être exposés nous préférons celui de Doneau. Il distingue les *instrumenta publica* d'une part, les *instrumenta privata* de l'autre.

S'agit-il d'un écrit public ? Le doute n'est pas possible; la preuve par témoins s'efforce en vain de l'ébranler, sa défaite est certaine. Ce point est parfaitement établi par toute une cohorte de textes, plus formels les uns que les autres : « *Census et monumenta publica potiora esse testibus senatus censuit* » (L. 10, D. de *probat.*) — « *Gesta quæ sunt translata in publica monumenta, habere volumus perpetuam firmitatem* » (L. 6, C. de *re judicatâ*). — « *Hæ donationes quæ..... fuerint publicatæ.... obtineant inconcussam ac perpetuam firmitatem* » (L. 30, C. de *donationibus*). — « *Superfluum est privatum testimonium quum publica monumenta sufficiant* » (L. 31, C. de *donation.*)

Si, au contraire, nous nous rencontrons en présence d'un *instrumentum privatum*, c'est la loi 15, C. de *fide instrum.*, qui doit nous servir de règle. « *In exercendis litibus eamdem vim obtinent tàm fides instrumentorum quàm depositiones testium.* » Alors, nous pensons avec Voët et Cujas que la preuve littérale et la preuve par témoins doivent être mises sur la même ligne, et que leur degré d'autorité respective doit être déterminé suivant les cas par la toute-puissante appréciation du juge. C'était également l'avis d'Harmonopul ; c'est celui qui semble le plus plausible. Puisque nous trouvons dans les recueils de Justinien, et à plusieurs reprises, les textes les plus divers et les plus contraires, il est raisonnable d'en conclure que ce sont là des préceptes destinés non à s'exclure, mais à se compléter, qu'ils doivent éclairer et avertir le juge en lui montrant chacun un péril différent, qu'enfin ils sont tous dominés et résumés par le célèbre rescrit d'Adrien qui lui impose pour règle de conduite : *l'intime conviction.*

Nous reconnaissons toutefois que le système qui précède, sans être rigoureusement exact, renferme aussi un fond de vérité. Avec lui, nous constatons

une tendance du droit romain à préférer, à mesure
qu'il vieillit, la preuve littérale à la preuve par témoins.
Comme l'homme, il devient défiant avec l'âge. Mais
nous nous refusons à voir là plus qu'une tendance.
Comme l'homme encore, il a entrevu le bien sans
avoir osé l'adopter et briser avec le passé. C'est l'éternelle maxime :

..... Video meliora proboque,

Deteriora sequor.

IV. — *Nombre des témoins.* — Un seul témoin ne
suffit pas pour la preuve, quel que soit le degré de
confiance qu'il mérite. C'est là assurément une règle
mauvaise et que déjà nous avons critiquée. Tel témoin
sera souvent bien plus digne de foi que deux autres
réunis. C'est se bercer d'une étrange illusion que d'es-
pérer, en colant les témoignages, arriver plus sûre-
ment à la vérité. Poser en ces matières une règle générale, c'est supposer chez les témoins et la même
honnêteté et la même clairvoyance. C'est par suite,
croyons-nous, pousser un peu trop loin les rêves d'une
égalité chimérique; c'est s'exposer à des démentis de
tous les jours, et, ce qui est plus grave, à des erreurs
constantes. On semble ainsi chercher à obtenir un
chiffre plutôt qu'un témoignage. On ne tient donc pas
compte du caractère, du cachet, de la physionomie
particulière de chaque déposition ! Que deviennent
alors l'attitude du témoin, son intonation, son regard,
son geste? Que deviennent l'hésitation ou l'assurance,
l'accent loyal de la conviction ou l'embarras du doute,
en un mot, ces mille riens aussi éloquents que la parole

même et qui constituent véritablement la déposition ?

Le témoignage d'un seul, avons-nous dit, est insuffisant à faire preuve en justice. Il en était ainsi déjà à l'époque des jurisconsultes classiques : *imperator pronunciavit*, dit Paul, *unius testimonio non esse credendum*. Quintilien dit, de son côté : *succurrant nobis Catonis et Scipionis et tot clarissima nostra civitatis nomina quorum unico testimonio fides nunquam est habita*. (Déclam.)

En présence de textes aussi précis, il nous paraît bien hasardé de soutenir, ainsi que l'ont fait quelques jurisconsultes, que la maxime *testis unus, testis nullus*, ne date que de Constantin.

On oppose la loi 14 D. *de dote prælegata*. Il s'agit, dans cette loi, d'un testateur qui, après avoir institué ses héritiers, ajoute : « Je veux que ma fille Crispina se marie avec l'époux que mes parents et mes amis lui choisiront; mon fils Pollianus, qui connaît mes intentions, veillera à ce qu'elle ait une dot au moins égale à la dot touchée par ma fille aînée. » Des difficultés s'étant élevées au sujet de l'exécution de ce testament, le jurisconsulte Scævola décide qu'on s'en devra rapporter à l'affirmation de Pollianus sur le point de savoir quelle a été exactement l'intention du testateur. D'où il est manifeste, dit-on, que la déposition d'un seul témoin paraissait suffisante à Scévola.

C'est ce que nous contestons. En ajoutant foi à l'affirmation de Pollianus, le juge se conforme purement et simplement à la volonté du défunt; il obéit, en somme, aux désirs de ce dernier plutôt qu'il ne se rend au témoignage de Pollianus. Qu'importe, en effet, que le testateur exprime ses intentions lui-même, ou

qu'il donne mandat à un autre de les faire connaître?
On doit, dans les deux cas, exécuter ce qu'il a
voulu.

Quant à la célèbre constitution de Constantin, qui
forme la loi 9, C. *de testibus*, elle est on ne peut plus
explicite. Elle ne dit pas seulement que la déposition
d'un témoin est insuffisante pour la preuve, elle s'exprime en termes plus impératifs : *manifestè sancimus,
ut unius testis responsio non audiatur*. Ce témoin ne sera
pas admis à déposer, le juge devra refuser de l'entendre.
Et cela est encore vrai, ajoute le texte, *etiamsi præclaræ
curiæ honore præfulgeat*.

La prohibition de Constantin acquiert d'autant plus
de force que ce même empereur avait déjà statué, par
une constitution antérieure, que si un seul témoin
pouvait parfois faire preuve, ce ne serait que dans des
cas exceptionnels : *se olim sanxisse ut unius testimonium
nemo judicum in quacumque causa facile patiatur admitti*.
Dans la loi 9, il se corrige lui-même et revient sur cette
disposition pour la rendre plus rigoureuse : désormais
un témoignage isolé ne pourra jamais être admis. Par
là, il a voulu écarter l'arbitraire et empêcher le juge
de violer la loi sous le prétexte facile que la nature de
l'affaire ou la valeur personnelle du témoin justifiaient
une exception à la règle.

Lors donc qu'une partie ne produit qu'un seul
témoin à l'appui de sa prétention, ce témoin ne sera
pas admis à déposer; s'il dépose, son témoignage sera
considéré comme non avenu; il est dénué de force, il
est nul. Aussi peut-on s'étonner d'entendre certains
interprètes soutenir que le témoignage, rendu dans
ces conditions, constitue une sorte de preuve incom-

plète, une demi-preuve pouvant servir de base au serment supplétoire. Ils raisonnent ainsi : quand deux témoins parlent, la preuve est complète, et il n'y a pas lieu de recourir au serment ; s'il n'y a pas de témoin, le serment ne peut pas davantage être déféré par le juge, et le demandeur doit être condamné (L. 4, C. *de edendo*). Mais entre ces deux cas extrèmes se trouve placée l'hypothèse d'un témoignage unique. Ce témoignage qui ne fait pas pleine foi, constitue un commencement de preuve capable de fonder le serment supplétoire. Ce système invoque la loi 3, C. *de rebus creditis et jurejur.*, qui porte : « *inopia probationum, per judicem jurejurando causa cognita res decidi oportet.* » C'est mal comprendre le sens de cette loi. Il y a *inopia probationum*, non pas quand les preuves font absolument défaut, mais lorsqu'il y a pour le juge *causa dubia* (L. 31 D. *de jurejurando*), c'est-à-dire lorsque les preuves fournies de part et d'autre sont de force à peu près égale, se balancent, laissent le juge incertain. Mais quand le juge est en présence d'un seul témoin, et que, par conséquent, la preuve *n'existe pas*, le juge sait ce qu'il a à faire : son devoir est d'absoudre.

Un seul témoin ne suffit pas ; combien en faut-il ? La loi 12 au Digeste *de testibus* répond à cette question : « *ubi numerus testium non adjicitur, ibi etiam duo sufficiunt : pluralis enim elocutio duorum numero contenta est.* » Deux témoins suffisent, sauf dans les cas où la loi en impose expressément un plus grand nombre. Nous avons déjà signalé certaines de ces hypothèses, spécialement celle du paiement. Mais c'est à tort, ce nous semble, qu'on cite assez souvent comme apportant des exceptions, à la règle les chapitres 2 et 8 de la

novelle 73. Justinien y ordonne, il est vrai, que les
écrits qui constatent le prêt soient rédigés en présence
de trois témoins (nov. 73, ch. 2); si même le contrac-
tant est illettré, l'empereur exige cinq témoins, et
désire que la rédaction de l'écrit soit l'œuvre d'un
tabularius. (Nov. 73. chap. 8.) Mais qu'importe ceci au
principe que nous avons établi ? Qui ne voit qu'il
s'agit, dans la novelle 73, de témoins instrumentaires ?
Or, nous ne nous occupons pas de ceux-ci, nous l'avons
dit à plusieurs reprises.

Si le nombre des témoignages peut influer sur la
décision du juge, il n'en faut pas conclure que celui-ci
ait le droit de les multiplier à l'infini. Sous prétexte
de s'éclairer, il pourrait occasionner aux parties des
dépenses ruineuses. Le bon juge n'est pas seulement
celui qui juge bien ; c'est aussi celui qui juge vite et à
peu de frais. Sans le taxer ici, sans lui fixer un maxi-
mum, la loi romaine lui prescrit la prudence et l'économie. Il devra repousser impitoyablement, sans l'entendre, le témoin inutile : « *ne effrenatâ potestate,* dit un
texte, *ad vexandos homines superflua multitudo testium pro-
trahatur.* »

SECTION II

QUI PEUT ÊTRE TÉMOIN.

En principe, toutes personnes pouvaient servir de
témoins. Nous avons donc à rechercher seulement les
cas où le témoin est rejeté comme incapable ou indigne. La liste des *intestabiles* est fort longue à Rome.

Nous distinguerons successivement les incapacités absolues, les incapacités relatives, et les excuses.

I. *Incapacités absolues.* — Ce sont celles qui empêchent le témoin de déposer dans tout procès quelconque. On peut dire que les incapacités absolues sont attachées à la personne, tandis que les incapacités relatives tiennent à l'affaire qui se plaide. Sont frappés d'incapacité absolue :

1° L'impubère, et même, en matière criminelle, tous les mineurs de 20 ans. (L. 19. § 1. L. 20 D. *de testibus.*) Cependant on pourrait interroger ces derniers à titre de simples renseignements. L'incapacité de l'impubère s'est de tout temps imposée au législateur ; son âge l'expose si aisément à l'erreur ou à la séduction! Il est à craindre aussi qu'il ne comprenne pas toute la gravité du mensonge.

2° Les fous et les prodigues. Cette incapacité est plutôt indiquée que nettement formulée ; elle est pourtant incontestable. (L. 2, 3, 13 D. *de testibus.*) Le fou, même revenu à la raison, est incapable de déposer, relativement aux actes qui se sont produits pendant sa folie. Comment, en effet, dit un vieil auteur, pourrait-il parler avec compétence de ce qui concerne les autres, lorsque les faits se rapportent à une époque où il n'avait pas même connaissance de ses propres actes?

3° L'esclave. Cependant, dit Modestin, on entendra l'esclave lorsque les preuves manqueront pour découvrir la vérité. (L. 7 D. *de testibus.*) Mais il devra être soumis préalablement à la torture. (L. 1. § 1, D. *de quæstionibus.*) Rien ne s'oppose, en effet, à ce que,

que, quoique esclave, il dépose de ce qu'il a su ou vu. On n'en saurait dire autant de l'impubère; car son incapacité vient de la nature et non de la loi. « *Quippe*, dit Voët, *quorum testimonia de his, quæ durante impubere ætate gesta sunt, haud recipienda, quum ætas ea, quid videat, ignoret.* » Si l'état du témoin qui est produit est contesté, s'il se dit libre et qu'on veuille le repousser comme esclave, on recevra son témoignage. Mais alors (sauf le cas où toutes preuves font défaut) sa déposition ne vaudra que s'il triomphe dans sa prétention.

Les deux premiers cas que nous avons parcourus sont véritablement des cas d'incapacité. Quant à l'esclave, il est peut-être plus exact de dire qu'il est exclu. L'exclusion diffère de l'incapacité en ce qu'elle tient principalement à une cause morale. L'incapacité résulte de la faiblesse ou d'un malheur ; loin d'attirer le blâme, elle commande le respect. L'exclusion, au contraire, suppose un fait qui déshonore [1] ; l'exclu est au ban de la société. Les cas qui suivent sont des cas d'exclusion.

4° Ceux qui ont été condamnés pour avoir fait un libelle diffamatoire, *ob carmen famosum* (L. 21, D. *de testibus*).

5° Ceux qui ont été condamnés *judicio publico* pour adultère, concussion, violence, vol de deniers publics, lèse-nation, plagiat, faux, meurtre, péculat, etc. ; s'ils n'ont pas été *in integrum restituti* (L. L. 3, § 5, D., 15, etc. *de testibus*).

Cicéron nous fournit un exemple à l'appui de la

1. A tort ou raison. Car personne ne me supposera l'intention de justifier l'esclavage.

règle. Verrès, accusé de vol et de tous les crimes que l'on connaît, ne voulait rendre ses comptes qu'après la condamnation de Dolabella comme concussionnaire, afin que celui-ci ne pût pas déposer contre lui.

On doit pareillement exclure ceux qui ont subi une condamnation entraînant note d'infamie, bien qu'elle ne résulte pas d'un *judicium publicum*. Ce seront ces sortes de condamnations *quæ etiam in privato judicio infamiam important, veluti furti, vi bonorum raptorum, injuriarum* (L. 7, D. *de public. judic.*). L'infamie de ces témoins doit faire rejeter leur témoignage : *propter notam et infamiam vitæ suæ admittendi non sunt ad testimonii fidem* (L. 3, § 5, D. *de testib.*).

Les jurisconsultes romains se demandaient si le témoignage était interdit aux *calumniatores*, à ceux qui ont porté une fausse accusation. Si on ne consultait que les principes, il faudrait pencher pour la négative, car nulle loi ne prononce l'exclusion. La loi Remnia qui punit la *calumnia* est muette à cet égard (L. 1, D, ad sc. *Turpillianum*). Mais, dit fort justement Papinien, la religion du juge doit suppléer au silence de la loi ; le juge ne doit pas admettre le témoignage de celui dont le front est flétri (L. 13, D. *de testibus*).

6° *Qui, ob testimonium dicendum, vel non dicendum, pecuniam accepisse judicatus vel convictus erit* (L. 3, § 5. de *test.*). Ainsi, il n'est pas nécessaire que celui qui a trafiqué de sa parole ou de son silence ait subi, à raison de son délit, une condamnation publique infamante qui aurait fait de lui, *de plano*, un *intestabilis*. Il suffit qu'il ait été *convaincu* d'avoir vendu son témoignage. Le juge, dans l'esprit duquel cette conviction est établie, doit refuser de l'entendre. Comment croire celui qui a mis son témoignage aux enchères? Et qu'importe qu'un jugement ait attesté son indignité aux yeux de tous, si le juge a connaissance de l'infamie?

7° Les sénateurs qui ont été exclus du Sénat, *propter turpitudinem.* (L. 2, D, *de senatoribus*). Marcellus et Cassius Longinus, qui signalent ce cas d'exclusion, se fondent, pour le justifier, sur la loi *Julia repetundarum.*

8° Celui qui, sans avoir été condamné, est retenu en prison comme prévenu d'avoir commis un crime (L. 20, D. *de testibus*).

9° Les prostituées. Les *arenarii*, les *bestiarii*. Toutefois il est des cas où les *arenarii* seront entendus comme témoins : s'il s'agit, par exemple, du crime de lèse-majesté. Mais alors ils seront soumis à la torture. C'est peut-être payer cher l'honneur qu'ils reçoivent.

La loi *Julia de adulteriis* porte que la femme qui a été condamnée pour adultère ne peut pas servir de témoin dans un procès. Paul et Ulpien en ont logiquement conclu que la femme, incapable d'être témoin dans un testament, pouvait cependant témoigner en justice, toutes les fois qu'elle ne se trouvait pas dans un cas d'incapacité prévu par la loi. (L. 18, D. *de testib.*, L. 20, § 6, D. *qui test. fac. poss.*).

L'incapacité de déposer ne s'applique pas au sourd et au muet, car ils ont pu voir; à l'aveugle, car il a pu entendre. En ce qui regarde les intermédiaires chargés de mettre deux parties en présence (*mediatores*), la novelle 90 de Justinien (chap. 8) n'autorise leur témoignage que lorsque les contractants y consentent.

On ne distingue pas entre les intermédiares ordinaires, et les intermédiaires honteux (*proxenetæ*).

II. *Incapacités relatives.* — 1° Nul ne peut être témoin dans sa propre cause : *nullus idoneus testis in re suâ intelligitur* (L. 10, D. *de testibus*). Le Code se prononce dans le même sens en ces termes : *omnibus in re propriâ dicere testimonii facultatem jura submoverunt* (L. 10, C. *de testib.*). Ces dispositions se rattachent à la règle si connue, d'après laquelle personne ne peut être juge dans sa propre cause. Il serait plus facile sans doute de justifier le dernier point que de justifier le premier. On s'est demandé si on pouvait permettre à l'associé de témoigner en faveur de son coassocié dans une affaire intéressant la société. Les jurisconsultes s'accordent à répondre que non, car l'intérêt de l'associé est directement en jeu, c'est bien sa propre cause qui s'agite.

Voët va jusqu'à penser que le cédant ne pourra déposer dans un procès où figure le cessionnaire : et, généralisant aussitôt sa décision, il repousse tout *auctor* dans le procès de ses ayants cause. Cette solution me semble un peu exagérée. Je ne vois pas que la loi 10 au Digeste, pas plus que la loi 10 au Code, comportent une telle extension. Où trouvera-t-on des témoins si on se jette dans la voie de l'exclusion à outrance ?

2° Le témoignage domestique doit être rejeté. Qui faut-il comprendre sous la dénomination de témoins domestiques ? Paul répond : « *Testes eos quos accusator de domo produxerit interrogari non placuit* (L. 24, D. *de testibus*). Cujas est plus explicite encore : « *Qui in eadem domo nobiscum habitant et quibus imperare possumus, ut testes fiant.* » Par exemple, ajoute-t-il, le mercenaire dont on loue les services ne sera considéré comme un témoin domestique que s'il habite la maison. Cela peut s'induire, par argument d'analogie, de la loi 11, D. *de pœnis.*

3° La personne qui a témoigné contre une partie, ne peut pas, dans le même procès, déposer en sa faveur (L. 23, D. *de test.*). On a dit qu'un pareil témoignage méritait peu de confiance. L'allégation est tout au moins contestable. Assurément, si un témoin se rétracte ou se contredit, j'admettrai volontiers que le juge suspecte sa droiture et l'écarte. Mais quel motif a-t-on de soupçonner celui qui, après avoir sur un point déposé en faveur d'un plaideur, vient sur l'autre déposer en faveur de son adversaire ? Il me semble qu'en favorisant successivement les deux parties, il manifeste bien plutôt qu'il ne subit la loi d'aucune. Il cherche la vérité et non l'intérêt des plaideurs ; car il les indispose l'un et l'autre. N'est-ce pas la preuve d'impartialité la plus éclatante qu'il puisse donner ?

On ne pourra pas non plus produire pour son compte un témoin qu'on aura reproché dans une précédente affaire. De même je serais mal venu à attaquer le témoin qui déjà m'a fourni l'appui de son témoignage. Ce dernier point semble hors de doute ; mais je ne consentirais pas facilement, avec certains commentateurs, à le fonder sur la loi 9 au Digeste *de negotiis gestis.* Si cette loi se sert des expressions « *reprobare non possum semel probatum* », c'est dans un sens et dans un but différent de celui qu'on lui prête. Pourquoi s'évertuer à choisir au loin une base fragile, quand le terrain solide est à deux pas ? Pourquoi ne pas se contenter de la loi 17 au Code *de testibus* ?... Toutefois, ajoute cette loi, il ne sera pas interdit de prouver qu'il existe des causes nouvelles de suspicion, par exemple, que celui dont je veux repousser le témoignage, est devenu mon ennemi depuis le premier procès.

4° Pour ce qui est de l'incapacité dont sont frappés les Juifs, les hérétiques et les païens, la loi 21, C. *de hæret. et Manich. et Sam.*, fait des distinctions. Le droit de témoigner est absolument dénié aux païens et à certains hérétiques, à ceux qu'on appelait *improbiores*, les Manichéens, par exemple. Ceux-ci sont partout et toujours *intestabiles*. Leur incapacité est absolue. Mais les Juifs et les hérétiques autres que ceux qui sont spécialement désignés dans la loi 21, sont seulement incapables lorsque leur témoignage doit atteindre un chrétien orthodoxe. Voët essaie de donner le motif de cette capacité relative ; mais ce motif se ressent trop de l'époque à laquelle il écrivait : « *sunt enim*, dit-il avec dédain, *digni tali litigatore testes*. Constantin en avait déjà donné une raison plus digne d'un législateur : « *propter utilitatem necessarii*, dit-il, *ne probationum facultas angustetur.*

5° Les avocats ne peuvent pas être témoins dans les affaires où ils occupent. (L. 25, D. *de test.*). C'est presque un sacerdoce qu'ils exercent, dit cette fois excellemment Voët : « *pandere non cogetur ea quæ non aliunde quam ex revelatione clientis comperta habet, eo modo, quo et sacerdoti revelare ea, quæ ex auriculari didicit confessione, nefas est.* » Le juge est là pour déjouer la fraude de celui qui, redoutant des révélations de la part d'un témoin, s'empresse de le choisir pour avocat. Il ne faut pas aller non plus jusqu'à écarter le témoignage de l'avocat en dehors du procès où il prête son ministère. Peu importe que le plaideur ait été jadis son client. On n'a plus à craindre, dit toujours le vieil auteur que j'aime à citer, qu'il soit guidé par un sentiment d'intérêt, *peculiari ductus affectione*.

6° L'esclave, incapable en principe, mais qui peut être témoin quand les autres preuves font défaut (L. 7, D. *de test.*), ne peut pas même alors être interrogé contre son maître. Toutefois, cette règle, fondée sur le danger de laisser l'honneur et la vie des maîtres à la merci de leurs esclaves, recevait elle-même un certain nombre d'exceptions. La loi 53 *de judiciis* au Digeste, en contient plusieurs ; on cite encore le cas d'adultère. L. 1, C. *de quæstionibus*), le cas de lèse-majesté, le cas de crime domestique (L. 9, C. *ad legem Corneliam de sicariis*). Dans les instances civiles, nous savons qu'on ne mettait pas toujours l'esclave à la torture. Cela n'avait lieu que « *si aliter veritas inveniri non possit* ». Au criminel, au contraire, l'esclave ne pouvait être interrogé que dans les tortures. La souffrance paraissait sans doute une garantie de sa sincérité. Les dépositions ainsi arrachées s'appelaient *quæstiones*. « *Quæstiones fuerunt testimonia servorum vi tormentorum expressa*[1]. »

1° Une présomption de partialité et le respect des liens de la famille fait prohiber le témoignage des ascendants à l'égard de leurs descendants et réciproquement, sauf dans les questions d'état (L. 16, D. *de probationibus*)[2]. Mais pourquoi, dira-t-on, ne pas admettre

---

1. *Sigonius, de judiciis.*
2. V. toutefois la l. 6 au Code *de testibus* qui semble ne voir dans la parenté qu'un cas d'excuse.

le parent à déposer contre le parent ? Nous répondrons par un vieil adage du droit français marqué au coin de l'expérience et du bon sens : *parentas apud concordes excitamentum caritatis; apud iratos irritamentum odiorum.* Ce système a été aussi consacré par l'article 268 de notre code de procédure. C'est qu'en effet, le parent le plus honnête, le plus disposé à être impartial, gardera difficilement une juste mesure. Il se sentira toujours mal à l'aise : parfois, il sera trop indulgent ; parfois, au contraire, un scrupule d'honnêteté, une fausse délicatesse lui feront exagérer les faits dont le récit peut nuire à son parent. Enfin, la déposition du fils contre le père, de l'époux contre l'épouse, ne serait-elle point comme un défi jeté à la morale publique ?

Ces considérations, selon Voët, s'appliquent à la déposition du frère contre le frère : « *favori et affectioni fraternæ plus fortè tribuet quàm veritati.* » Dans le même ordre d'idées, on ne recevra pas l'affranchi à tourner contre son patron la liberté de parler en justice qu'il tient de sa générosité. (L. 13, C. *de testibus.*)

Le juge a du reste sur l'admission ou le rejet des témoignages un pouvoir d'appréciation fort étendu ; il doit examiner avec soin quel degré de confiance doit être accordé à chaque témoin, se méfier également et des réponses embarrassées et des réponses savamment débitées. Un témoin qui a réponse à tout inspire de la défiance, dit Quintilien. Le juge tiendra compte de la condition de celui dont il accueille le témoignage ; il fera une différence entre la déposition du plébéien et celle du sénateur (L. 3, pr. D. *de testib.*). Il écartera l'indigent que la misère a pu pousser à se vendre : « *Pauperes*, dit Cicéron (*in topic.*), *testimonium non dicunt, quoniam facile corrumpi possunt.* » Il recherchera avec soin quelles relations d'amitié et de haine peuvent exister entre les parties et les témoins (L. 3, *de testib.*), et renverra de ce chef ceux de ces derniers qui lui paraîtront suspects. Dans une cause criminelle, on ne tolère pas que le complice vienne charger son complice (L. 11, C. *de test.*).

Enfin, Justinien défend même de recevoir la déposition des artisans infimes ou obscurs. La novelle 90 (chap. 1) n'admet que les témoins *recommandables* par leur fortune, leur position ou du moins une réputation intacte. Le Digeste trace une règle encore plus générale. Le juge, y est-il écrit, n'exclura pas seulement ceux que la loi déclare *intestabiles*, mais encore tous ceux qui ne lui paraîtront pas dignes de foi (L. 13, D. *de testib.*) : *quod legibus omissum est, non omittetur religione judicantium.*

III. — *Excuses.* — Les incapacités et exclusions sont dirigées contre le témoin; l'excuse est introduite en sa faveur. Les excuses ont surtout leur cause dans les rapports de parenté ou d'alliance, dans l'âge ou la position de celui qui est appelé comme témoin. Sont excusés : les receveurs de deniers publics (*publicani*) (L. 19 h. t.). — Ceux qui ont mission de ravitailler les armées. — Les soldats; le soldat ne doit pas s'éloigner de son drapeau (L. 3, § ult. h. t.). — Celui qui est absent pour un service public (L. 8, h. t.), à moins que son absence n'ait d'autre motif que son désir de ne pas témoigner. — Celui auquel la loi interdit de quitter son poste (L. 8, h. t.). — Le vieillard et l'in-

firme en ce sens qu'ils ne sont pas forcés de répond e
à la convocation qui leur est signifiée. Cette dernière
disposition s'applique également aux évêques : « *nec
honore, nec legibus, episcopus ad testimonium dicendum fla-
gitetur* (L. 7, C. *de episc. et cler.*). Mais la novelle 123
(chap. 7) ajoute : « *Sed judex mittat ad eos quosdam ex
personis ministrantium sibi, ut propositis sanctis evangeliis
secundum quod decet sacerdotes, dicant ea quæ noverint.* »

Sauf la dernière, les excuses qui viennent d'être
énumérées sont fondées sur des difficultés matérielles.
Celle qui suit repose sur une cause morale déjà
signalée. C'est l'excuse qui a sa source dans la parenté.
Les cognats et les alliés jusqu'au sixième degré (L. 10
pr., D. *de grad. et affin.*, et L. 4, h. t.) peuvent se faire
excuser. Le fils du cousin issu de germain, quoiqu'il
soit au septième degré, est assimilé ordinairement,
par une faveur spéciale, aux cognats dont nous venons
de parler. Doit-on ici maintenir la faveur ? — La loi
précitée (*de grad. et affin.*) porte : « *contra adfines et
agnatos testimonium inviti dicere non coguntur.* » Mais on
pense généralement qu'une correction doit être faite
au texte. C'est sans doute *cognatos* et non *agnatos* qu'il
faut lire. Paul dit, en effet, dans ses Sentences : *in
adfinem vel cognatum inviti testes interrogari non possunt*
(V. 15, § 2). Les agnats sont cognats eux aussi ; mais
ils ne forment qu'une classe restreinte dans un genre
plus nombreux.

On peut se refuser à témoigner contre un cognat ;
mais rien n'empêche de témoigner en sa faveur.

Remarquons enfin que la loi 4 D. *de test.* range à tort
l'affranchi parmi ceux qui peuvent se faire excuser,
puisque dans tous les cas le témoignage lui est inter-

dit contre son patron. La loi 13 C. *de test.* est formelle
à cet égard. La même observation doit être faite pour
le pupille. Toutefois, en ce qui concerne l'affranchi, on
pourrait peut-être essayer de concilier la loi 4 au Digeste
et la loi 13 au Code. Il faudrait admettre pour cela que
la loi 13 se place dans l'hypothèse où le patron aurait
consenti à entendre témoigner contre lui. La partie
adverse, dit alors la loi 4, ne pourra pas contraindre
l'affranchi à parler. On n'a pas voulu l'exclure ; pourra-
t-on le forcer à parler ? Non ; il a le droit de s'excuser.
C'est justement la pensée qui se trouve énoncée dans
les derniers mots de la loi 13 au code.

SECTION III.

CONVOCATION ET AUDITION DES TÉMOINS.

1. — Les témoignages ne sont pas reçus avant la
litis contestatio : aussi les appelle-t-on soit *testimonia litis*
(L. 4, D. *de testib.*), soit *testimonia judicialia.* (L. 21, C. *de
haered.*) Ils ne seraient admis avant la *litis contestatio*
que si l'âge avancé des témoins ou leur état maladif
faisait craindre leur mort prochaine, ou si les fonctions
publiques dont ils sont investis les contraignaient à
s'éloigner dans un bref délai.

Paul (L. 40, D. *ad legem Aquiliam*) nous fournit un
exemple d'enquête *in futurum.* Si je prétends, dit-il,
avoir perdu un écrit constatant qu'il m'est dû une
somme d'argent sous condition,, et s'il est à craindre
que mes témoins ne puissent plus venir déposer lors

de l'avénement de la condition, je puis agir dès maintenant. Seulement l'exécution de la sentence sera
différée.

En dehors des cas d'excuse, les témoins sont obligés
de répondre à la convocation qui leur est faite. Cette
obligation ne leur était imposée autrefois que dans les
affaires criminelles ; mais une constitution de Justinien
l'étendit aux affaires civiles (L. 16, C. *de testib.* —
Nov. 90 ch. 8.) En cas de refus, le juge peut user de
différents moyens de coercition : il peut faire saisir les
biens du témoin et le frapper d'une amende (L. 1, § 3
D. *de inspic. ventre*). Le témoin ne peut pas se retirer
tant qu'il n'a pas été interrogé ; on s'assure de sa
présence en lui faisant donner la caution *sistendi causa*.
S'il la refuse, on se contente de son serment, mais on
ne va jamais jusqu'à l'incarcérer ; en effet, comme le
remarque Justinien : *si pro toto litis certamine jurejurando
testium credendum esse putaverint hi, qui eos produxerint,
multo magis præsentiam suam testibus sacramento eorum
credere debent.* » (L. 19, C. *de testib.*)

On ne peut retenir pendant plus de quinze jours
celui qui a été convoqué comme témoin. Passé ce délai,
il a la faculté de regagner son domicile, et aucune
convocation postérieure ne peut le forcer à se repré-
senter. Mais si c'est par la faute du juge que le témoin n'a pas été interrogé, il sera tenu envers la
partie lésée jusqu'à concurrence du préjudice causé
par sa négligence (L. 19, C. *de testib.*). Cette loi 19 ne
parle que des *causæ pecuniariæ*. On s'est demandé si sa
disposition s'applique également aux causes criminelles.
On a décidé unanimement que l'ordre public étant intéressé à la punition du coupable et à l'acquittement

de l'innocent, le juge conservait intact le droit de tra-
duire les témoins à sa barre, sans qu'on pût lui opposer des délais ou une première comparution. (Nov. 90
chap. V.)

C'est un devoir que de témoigner en justice. Toutefois nous avons déjà signalé quelques exceptions au
principe. C'est ainsi que le cognat, l'allié et l'affranchi
ne peuvent pas être contraints à témoigner contre le
cognat, l'allié et le patron. Il en est d'autres qu'on
dispense seulement de se rendre à la convocation du
juge. Cette faveur a sa raison d'être soit dans la situation particulière du témoin, soit dans le trop grand
éloignement; les vieillards, les malades, ceux qui ne
peuvent pas s'absenter à cause des fonctions qu'ils
exercent, les magistrats, les soldats, sont dispensés de
se présenter en personne, mais ils devront répondre
au magistrat délégué par le juge. On les fera interroger
par commission rogatoire. Ces commissions étaient
données par des *litteræ demissoriæ*, adressées soit au
gouverneur de la province, soit aux *defensores civita-
tum*[1]. A Rome, on chargeait parfois un préteur d'aller
recueillir le témoignage. (Tacite, Ann. liv. II, chap. 34.)

Il ne faut donc pas prendre à la lettre les lois 8 et 19
D. *de testib.* qui, en parlant des personnes que nous
venons de citer, disent : « *inviti testimonium non dicunt.* »
La vérité est qu'elles sont simplement dispensées de
comparaître.

Nous devons en dire autant de celui que l'éloignement empêche de déposer. Dans les causes criminelles
le juge doit veiller à ce que les témoins comparaissent

---

1. Pothier, Pandectæ justinianæ, T. 1, p. 383.

:a personne et déposent de vive voix (L. 3 § 3, D. *de testib.*). Mais dans les affaires civiles, *non sunt temere per longum iter evocandi testes*, dit la loi 3, § 6, D. *de testib.*). Le juge doit se guider, d'après l'usage suivi dans la province où il exerce sa magistrature ; et si l'éloignement du témoin lui paraît fournir une excuse légitime, il chargera un confrère de l'interroger et se fera envoyer la déposition (L. 18, C. *de fide instrum.* — Nov. 90, cap. 5.)

La loi des Douze Tables nous indique comment se faisait, à l'origine, la convocation des témoins : *Cui testimonium defuerit, is tertiis diebus, ob portum obvagulatum ito* (tab. 2°). *Ob portum* est mis ici pour *ad domum*. Plus tard la citation se faisait au domicile du témoin, et devait lui être remise directement ; s'il était absent, elle se faisait par la voix d'un héraut ou par un écrit, qu'on affichait sur sa porte (L. 1, § 1, D. *de agnosc. et alend. lib.* — L. 2, C. *de annal. except.*). Enfin, en dernier lieu, elle était transmise par un *viator*, officier attaché à la personne du magistrat (L. 5, § 13, D. *de rebus eorum qui sub tutela vel cura sunt.* — L. 82, D. *de judiciis*).

II. — *Combien peut-on produire de témoins ?* Dans quelles formes et dans quels délais doit-on les produire ? Nous avons déjà résolu la première question. Le juge recevra seulement les témoins qui peuvent l'aider à la découverte de la vérité, et il écartera ceux qui lui paraîtront inutiles (L. 1, D. § 2, *de test.*). Le pouvoir illimité d'assigner en témoignage eût été un moyen trop facile de vexer la partie adverse.

On ne peut pas davantage prolonger indéfiniment la durée de l'enquête. Ainsi, le demandeur ne serait pas admis à faire entendre de nouveaux témoignages, s'il avait laissé passer le délai fixé par le juge. Il ne le pourrait pas davantage à partir du moment où il a eu connaissance des dépositions. Tel est le sens d'un passage de la novelle 90, *cap.* 4, placée au Code, après la loi 19 *de probationibus:* « *At qui semel produxerit testes aut bis,* etc. » Le motif de Justinien est facile à saisir ; il est à craindre que la partie, s'apercevant que l'enquête lui est défavorable, ne cherche à suborner de nouveaux témoins pour contre-balancer l'influence des premiers. Justinien, dans le même passage, étend sa décision au cas où on a déjà produit des témoins à trois reprises à propos du même fait. On ne peut recourir à une quatrième production que si on jure n'avoir pas eu connaissance des premiers témoignages, et s'il est prouvé qu'on agit sans intention frauduleuse.

La comparution des témoins se fera dans un délai fixé suivant la distance. On ne doit pas facilement et sans connaissance de cause accorder des délais supplémentaires (L. 1, C. *de dilat.*). Les témoins seront indemnisés de leurs frais et dépens par la partie qui les aura produits (L. 11, C. *de testibus*). Leur sincérité est garantie par les peines qu'ils encourent en cas de mensonge et le serment qu'ils prêtent avant de déposer : « *Jurisjurandi religione testes,* dit Constantin, *priusquam perhibeant testimonium jamdudum arctari præcipimus: et ut honestioribus potius testibus fides adhibeatur* » (L. 9, C. *de testib.*). Il est donc certain qu'à l'époque de Constantin tout témoin devait prêter serment. En fut-il toujours ainsi ? Des auteurs soutiennent que, dans l'ancien droit

romain, le serment n'était imposé qu'en matière criminelle. Mais cette opinion semble peu fondée. Elle est
démentie par plusieurs passages de Sénèque et de
Cicéron. Sénèque dit formellement : « *De parvula summa*
judicature tibi res sine teste non probaretur. Testis sine jure-
jurando non valeret. » Cicéron, voulant contester le
témoignage rendu par des Gaulois, s'écrie: « *An vero*
istas nationes religione jurisjurandi ac metu deorum immor-
talium in testimoniis dicendis, commoveri arbitramini? (Discours pro *Fonteio*.)

Les dépositions se font oralement devant le juge.
C'est le système de l'enquête publique, qu'il serait fort
à désirer, quoi qu'on en ait pu dire, de voir s'introduire dans notre droit moderne. Dans la pratique, il
est vrai, on apportait quelquefois des témoignages
écrits, mais ils avaient peu d'autorité (L. 3, § 3 et 4,
D. *de testib.*). C'est ainsi que l'empereur Adrien écrit:
« *Alia est auctoritas praesentium, alia testimoniorum quae*
recitari solent »; et Quintilien : « Les dépositions écrites
se combattent par des moyens plus simples; car le
faux témoin est plus à l'aise pour une fausse déclara-
tion en présence d'un petit nombre de personnes. Par
cela seul qu'il ne comparaît pas, on est autorisé à
croire qu'il se défie de lui-même. Il y a toujours une
prévention secrète qui lui nuit. » (Instit. orat., liv. V,
chap. 7.)

C'est en présence des parties, ou elles dûment ap-
pelées, que les interrogatoires ont lieu (L. 19, C. *de*
test.). Les témoins, à l'audience, étaient interrogés
par les avocats, qui jouissaient d'une grande liberté à
cet égard, et en général dans leurs plaidoiries, ména-

geaient fort peu, non-seulement la déposition, mais les antécédents et la personne du témoin [1].

SECTION IV.

CHATIMENT DES FAUX TÉMOINS.

Point n'est besoin de dire que le faux témoignage ne produit aucun effet sur le procès qu'il a voulu ternir. Mais la loi ne pouvait pas se borner à une sanction pour ainsi dire aussi pâle, aussi négative. Il fallait protéger la morale et l'intérêt des parties par des moyens plus énergiques. Deux actions sont ouvertes contre les faux témoins : l'action *falsi* issue de la loi *Cornelia*, action criminelle qui donne lieu à un *judicium publicum*; une action civile pouvant être intentée devant le juge même dont la religion a failli être surprise par le faux témoignage,

A la question : quels juges ont mission de punir les faux témoins, la loi 14, C. *de test.*, répond en termes généraux: *Cunctis judicibus data animadvertendi licentia.* Mais il faut restreindre cette formule aux cas où le juge agit dans les limites de sa juridiction. Ainsi le juge civil ne pourra infliger aucune peine corporelle, le juge criminel lui-même ne sera pas libre de prononcer toutes sortes de peines. Quand le châtiment sera très-rigoureux, c'est au prince qu'il appartiendra de sévir. Tel est le sens de la loi 31, D. *de lege Cornelia de*

1. M. Bonnier : Quintilien, institutions oratoires; et M. Grellet-Dumazeau : le barreau romain.

falsis. Cette loi désigne spécialement ceux qui *falsa instrumenta protulerunt,* mais s'applique aussi au faux témoignage.

Cette restriction à part, les pouvoirs du juge sont presque illimités. Peu importe que le coupable habite une autre province, ou qu'il soit investi d'une haute dignité: ni le rang, ni l'éloignement ne le couvriront. Les évêques eux-mêmes ne pourront invoquer d'exception d'incompétence.

Au contraire: *Multo magis enim poeni digni sunt, quibus cum plurimum honoris per nostram jussionem delatum est occulto inveniuntur in crimine* (L. 8, C. *de episc. et cler.*; V. aussi la nov. 123, cap. 20).

Le faux témoignage ne peut être puni que s'il est volontaire, s'il suppose une intention frauduleuse. C'est l'application pure et simple d'un principe fondamental, essentiellement équitable de droit criminel. Ce que la morale réprouve, ce que la loi pénale veut atteindre, ce n'est pas l'erreur, résultat de la faiblesse, c'est le mensonge, œuvre de la perversité ou de la corruption.

Le châtiment sera proportionné à la gravité du délit. Les lois édictent des peines plus ou moins sévères à infliger suivant les circonstances: perte de la liberté, déportation, relégation, incarcération, infamie, destitution, privation de certains droits (LL. 6, § 2, 7, 8, D. *de poenis*). La loi des Douze Tables prononçait la peine de mort. Pour apprécier la culpabilité du témoin, on devra rechercher le but qu'il s'est proposé en trahissant la vérité, le préjudice que sa mauvaise foi aurait pu causer aux parties. Celui qui porte un faux témoignage dans l'intention de nuire est évidemment plus coupable que celui qui ment pour sauver un accusé. De même, le faux témoignage est plus grave en matière criminelle qu'en matière civile. On peut dire, en règle générale, que l'auteur d'une accusation qu'il sait être fausse doit être frappé de la peine qu'aurait encourue l'accusé, si l'accusation eût été fondée (L. 17, C. *de accusat. et inscript.*). C'est un vestige du talion.

Si le faux témoin est, en outre, *calumniator*, il sera passible de la mort. *Calumniari est falsa crimina intendere* (L. 1, § 1, *ad Sc. Turpill.*). En vain, objecterait-on que la loi *Cornelia de falsis* est moins rigoureuse et n'indique pas d'autre peine que la déportation et la confiscation des biens. Ici la loi *Cornelia* n'est pas en cause: le coupable est puni non comme faux témoin, mais comme calomniateur.

DROIT FRANÇAIS

PREUVE PAR TÉMOINS DANS L'ANCIEN DROIT.

L'étude de la preuve par témoins dans l'ancien droit français comprend comme deux périodes. La première, la plus longue et la moins connue, court des temps les plus reculés de l'ancienne Gaule jusqu'à 1566, date que l'ordonnance de Moulins a rendue célèbre. La seconde dure jusqu'au Code civil.

Il est bien difficile de ramener à des règles précises les quelques notions éparses qu'on peut recueillir sur le témoignage, dans l'ancienne Gaule. Un point incontesté cependant, c'est l'usage constant de la preuve par témoins dans la pratique judiciaire de notre pays, si haut qu'on puisse remonter dans les annales de la législation. On retrouve des traces de son emploi dans les coutumes d'origine celtique qui ont survécu : monuments précieux, qui permettent d'entrevoir le droit et les usages de la Gaule avant les conquêtes romaine et franque. Telles sont les lois d'Howel le Bon, les formules de Touraine et d'Anjou, l'antique

Coutume de Bretagne. Quant à la preuve écrite, Jules César et Strabon nous en révèlent l'existence. Dans le midi de la Gaule surtout, les colonies grecques avaient répandu, avec la connaissance de leur langue, l'habitude de l'écriture dans les contrats. Quand la conquête eut fait dominer à la fois la puissance et la littérature romaines, ce fut la langue latine qui usurpa la place de la langue de Démosthènes. Mais alors, comme dans la suite du moyen âge, la preuve littérale ne dut jouer qu'un rôle tout à fait accessoire.

On sait quel esprit religieux et militaire animait la vieille France. C'est l'épée dans une main et la croix dans l'autre que le chevalier d'alors se jetait dans la bataille. Les Croisades d'une part, la guerre de Cent Ans de l'autre, sont là pour attester ce que pouvaient la foi et le patriotisme de nos pères. Aussi ne sera-t-on pas surpris en découvrant que les institutions d'alors participaient de ce double caractère. Car, on le sait, ce sont les mœurs qui font les lois, rarement les lois qui font les mœurs.

Le témoignage ne devait pas échapper à ces influences. C'est ainsi que s'expliquent deux bizarres usages qu'il importe de faire connaître : la purgation canonique ou *escondit* et la purgation vulgaire.

La purgation canonique ou purgation par le serment aurait, selon M. Laferrière[1], une origine druidique. Devant le tribunal des Druides, nous dit-il, dominaient naturellement les formes religieuses; de là la prépondérance promptement conquise par le serment. Il était la base des obligations convention-

---

[1]. Histoire du Droit civil de Rome et du Droit français.

nelles, comme l'avaient été à Rome les formes solen-
nelles de la stipulation. Contestait-on une dette,
niait-on un crime, c'est un serment qu'on opposait au
serment du demandeur ou de l'accusateur. Chaque
partie se présentait, escortée de ses proches et de ses
amis, et ceux-ci juraient à leur tour que le serment
prêté était sincère. La victoire restait au plaideur
qui l'emportait par le nombre et la qualité des ser-
ments. Ces manifestations étaient sans doute impo-
santes, mais durent souvent dégénérer en querelles.
Il est aussi permis de soupçonner que le pauvre y
trouvait rarement son compte.

On peut signaler à Rome quelque chose d'analogue.
On s'y servait de *laudatores*, témoins favorables, qui
venaient déposer, non d'un fait, mais de l'excellente
opinion qu'ils avaient de l'accusé[1]. La modestie de
celui-ci en souffrait peut-être; mais elle devait se
rassurer promptement à l'audition de l'armée de témoins que les accusateurs traînaient à leur remorque.
En un clin d'œil, le prévenu passait du blanc le plus
pur au noir le plus ténébreux. J'ignore ce que décidait le juge; pour ma part, je n'eusse pas envié sa
place. Au reste, de nos jours même, il ne serait pas
difficile, devant nos tribunaux criminels, de retrouver
le type accompli du *laudator*, sous la complaisance de
certains témoins à décharge.

Que la compurgation soit ou non d'origine druidique, on ne la rencontre pas moins dans les lois
germaniques, tant dans la loi des Frisons que dans la

1. Sigonii Mutinensis, opera omnia, Milan 1736, de judiciis,
libro II.

5

loi des Francs-Saliens qui, plus tôt et plus civilisés que les peuplades de même race, adoptèrent beaucoup d'usages gallo-romains. Favorisée par l'Eglise, cette procédure, selon Danty et Montesquieu, se serait maintenue pendant le moyen âge, où elle aurait pris le nom de purgation canonique. L'histoire [1] en rapporte un fort curieux exemple. La trop célèbre Frédégonde, accusée d'adultère par Chilpéric, fit jurer à trois évêques et trois cents seigneurs de sa cour, qu'ils croyaient que l'enfant né d'elle était légitime. Réussit-on à convaincre Chilpéric ? C'est ce que l'histoire n'ose garantir.

Le témoignage proprement dit était aussi fort en usage chez les Germains. Ainsi, d'après les lois ripuaire et bavaroise, pour opérer la tradition d'un immeuble, on convoquait un nombre de témoins plus ou moins considérable selon la valeur de l'objet aliéné. A ces témoins on ajoutait un nombre égal de jeunes enfants auxquels on donnait des soufflets et on tirait vigoureusement les oreilles, afin de graver dans leur mémoire le souvenir de ce qui s'était passé [1]. Heureusement pour la jeunesse d'alors que les transactions et par suite les procès étaient beaucoup moins communs qu'aujourd'hui.

Le témoin qui faisait défaut ou se parjurait n'encourait qu'une condamnation pécuniaire. Presque toujours, en effet, chez ces peuples, les infractions aux lois civiles ou criminelles se résolvaient en compositions de ce genre. S'il faut en croire Danty, ces sanctions étaient in-

---

1. Formules de Marculfe.
2. V. Loysel, édition Dupin et Laboulaye (chap. V, tit. v). Le

suffisantes et la corruption bien générale, car ce serait
le peu de garanties qu'offraient la preuve testimoniale
et le serment qui aurait fait recourir aux ordalies,
épreuves judiciaires dans lesquelles on faisait à Dieu
comme une sommation d'avoir à défendre l'innocence.
Ces épreuves, ces *explorations*, comme on les appelait,
se faisaient de six manières différentes : par l'eau froide,
par l'eau bouillante, par le feu, par le feu ardent, par
le combat en champ clos, par la croix et par l'eucha-
ristie. Elles étaient employées tant en matière civile
qu'en matière criminelle. On supposait la vérité et la
justice douées d'une puissance surnaturelle qui les
rendait plus fortes que les éléments.

De tous ces modes de preuve, le moins étrange
peut-être, mais non le moins barbare, fut le combat
judiciaire : le moins étrange, disons-nous, parce qu'il
s'accordait avec les instincts belliqueux de nos ancê-
tres et ne fit que transporter dans les institutions ce
qui existait déjà dans les mœurs. Ce mode ne tarda
guère à remplacer presque entièrement les autres. Les
peuples civilisés aiment les justices sommaires : « Ont-
ils un différend, le sort des armes en décide, et le plus
fort a raison. Chez les Germains, je ne sais quelle
loyauté brutale, quel instinct de l'honneur régularisa
cet état de choses et lui donna des lois. Telle fut l'origine du combat judiciaire. On donnait ainsi à la violence la consécration du droit ; mais, plus tard, c'est
de là que sortit le remède, et ce fut au moyen de cette

célèbre sculpteur et orfèvre Benvenuto Cellini raconte dans ses curieux mémoires que son père, vieux Florentin austère, faisait grand
usage pour activer l'éducation de son fils de ce procédé mnémonique.

régularisation des combats qu'on parvint à les restreindre, puis à les supprimer [1]. »

Nous l'avons déjà dit, un esprit à la fois religieux et militaire avec sa générosité et trop souvent ses exagérations, souffla sur tout le moyen âge. Dans l'escondit et les ordalies, le témoignage s'inspire de l'esprit religieux; dans le duel judiciaire, il subit l'influence de l'esprit militaire. Au reste, l'habitude de confier à son épée la garde de son droit remonte aux temps les plus reculés. Velléius Paterculus en fait mention; dans la Scandinavie, le duel judiciaire était considéré comme une institution d'Odin.

Toutefois le duel judiciaire n'était pas reconnu par la loi salique où la civilisation gallo-romaine avait laissé son empreinte [2]. Mais il était reçu chez les Ripuaires, chez les Lombards, chez les Burgondes. La barbarie des mœurs, la faiblesse du pouvoir, l'humeur batailleuse de l'époque ne contribuèrent pas peu à répandre ce déplorable usage. Malgré les remontrances et les efforts de l'Eglise, le duel ne cessa de se propager et devint la principale institution judiciaire de la féodalité européenne. Il régnait partout, excepté devant les tribunaux ecclésiastiques [3]. Le vieil historien Sigebert nous a transmis un remarquable exem-

1. M. de Bxarge.

2. Institutes coutumières; v. les notes d'Eusèbe de Laurière, édition Dupin et Laboulaye, tome II, p. 178, 179.

3. Singulier temps, que celui où la science du droit se réduisait presque à la science de l'épée. Que de fameux jurisconsultes oubliés, que de docteurs méconnus!

ple de cette confiance des peuples et des rois en l'intervention divine. Il s'agissait d'une grave difficulté juridique à résoudre: « La question s'étant présentée, dit Sigebert, devant l'empereur Othon Ier de savoir si en succession directe la représentation avait lieu entre enfants, et les docteurs s'étant trouvés partagés sur cette difficulté, cet empereur ordonna que l'on en remît la décision au jugement des armes. On choisit pour cet effet deux vaillants champions, et ce combat succéda si heureusement que celui qui combattait en faveur de ceux qui soutenaient que la représentation pouvait avoir lieu, remporta la victoire sur celui qui soutenait le parti contraire; en conséquence de quoi l'empereur ordonna qu'à l'avenir les petit-fils et les petites-filles succéderaient à leurs aïeuls et aïeules avec leurs oncles et tantes comme eussent fait leur père et mère s'ils eussent vécu. » (Danty sur Boiceau.)

Mais que devenait la preuve testimoniale à une époque où juges, plaideurs et témoins pouvaient être appelés à soutenir les armes à la main, les uns leurs sentences, les autres leurs prétentions, les autres leurs témoignages? Il semble que le métier de témoin devenant dangereux, la preuve testimoniale eût dû prudemment s'éclipser. Ce n'est pourtant pas ce qui se produisit ; car nos pères ne reculaient pas devant un coup d'épée. Les tournois, le duel même, n'étaient pour eux qu'un moyen de se tenir en haleine et de se préparer à de plus grandes luttes. La preuve testimoniale subsista donc toujours, conservant, comme on l'a fort bien dit, toute la place que n'envahit pas le jugement de Dieu. On peut citer comme exemple le procès du duc de Bourgogne et de l'évêque de Langres en 1183 devant le roi de France

Henri Ier ; les noms des témoins qui déposèrent figurent dans l'arrêt [1].

Par opposition à la purgation canonique, on appela parfois purgation vulgaire la preuve par combat en champ clos. A saint Louis revient l'honneur d'avoir mis un terme à cette barbare coutume. Ne pouvant l'abolir directement que dans ses domaines, il imagina le système des appels, qui, tout en étant dirigé contre le duel, avait l'avantage de subordonner la puissance des seigneurs à l'autorité royale [2]. Dire que l'abus disparut sur-le-champ serait évidemment prétendre l'invraisemblable. On ne déracine pas d'un trait de plume un usage aussi invétéré. Mais si le combat judiciaire subsista encore après saint Louis, si nous voyons même en 1306 Philippe le Bel l'autoriser dans quelques cas et en réglementer le cérémonial, il faut constater que dès lors il devient beaucoup plus rare et tend à disparaître. Les derniers duels légaux eurent lieu sous les Valois. On cite dans le nombre le fameux combat de Jarnac et de la Châteigneraie.

En résumé, si on fait abstraction des pratiques barbares ou superstitieuses qui se produisirent au moyen âge, ce qui se dégage bien nettement de cette époque en ce qui touche la preuve testimoniale, c'est la faveur, le respect avec lesquels on l'accueillit. On alla même fort longtemps jusqu'à confier à la mémoire et à la bonne foi du témoin non-seulement les décisions judiciaires, comme à Rome, mais les Coutumes,

---

1. M. Beugnot : introduction aux registres des *Olim*.

2. « Nous défendons les batailles par tout notre domaine et en toutes querelles.... et en lieu des batailles, nous mettons preuves des témoins ou des chartres. »

la loi même. Le Parlement de Paris n'avait pas de registre de ses arrêts, et c'est seulement sous saint Louis que fut commencée, mais non à titre officiel, la collection dite des *Olim*. Si un jugement était dénié, on avait recours à une procédure appelée record (*recordari*) dans laquelle on faisait appel aux souvenirs du juge et des témoins. J'ai dit que la loi même n'était pas toujours rédigée par écrit; il suffira de rappeler ici les enquêtes par tourbes qui servaient à vérifier les coutumes contestées[1].

En ce qui concerne la situation de la preuve par témoins vis-à-vis de la preuve littérale, on connaît la fameuse maxime : « *témoignages de vive voix passent lettres.* » On se tromperait cependant si on croyait qu'elle fut absolue. Une longue expérience n'avait pas été nécessaire pour attester aux yeux de tous l'incertitude et les dangers de la preuve orale. On n'en finirait pas si on voulait citer les différents adages qui l'accusent. Loysel en rapporte de curieux : « Fol est qui se met en enquête; car le plus souvent qui mieux abreuve, mieux preuve. — Ouïr dire va par mille ; en un muid de cuider (croire) il n'y a pas plein poing de savoir. — Voix d'un, voix de nun (*testis unus testis nullus*). »

A quoi tenait alors la supériorité de la preuve par témoins? C'est, on est bien obligé de l'avouer, à l'ignorance de l'époque. Si la preuve littérale était peu considérée, c'est parce qu'elle n'était à la disposition que d'un

---

1. « Coutume, dit Loysel, se doit vérifier par deux tourbes, et chacune d'icelles de deux témoins. » On sait que le gigantesque travail de la rédaction des Coutumes, ordonné par Charles VII, ne fut terminé que cent ans après sa mort.

petit nombre 1. Mais à mesure que l'écriture se vulga-
rise, quand la découverte de l'imprimerie vient donner
un vigoureux essor aux arts, aux sciences, aux lettres,
la preuve littérale se répand et gagne sans cesse, tandis
que le témoignage recule.

On connaît le brusque revirement opéré par l'ordonnance de Moulins à la stupéfaction de bien des gens
de loi. Ce fut comme une révolution dans la preuve.
Sur l'initiative du parlement de Toulouse, et sous
l'inspiration du chancelier de l'Hospital, parut, en 1566,
cette célèbre ordonnance qui fut un premier pas vers
l'unité législative. « *Témoins passent lettres* », avaient dit
nos pères. Le titre est muet, ajoutaient-ils ; le témoin
parle. L'ordonnance de Moulins renversa le principe.
« *Lettres passent témoins* », telle fut la maxime nouvelle.
On se dit avec raison que si la mémoire du témoin pouvait n'être pas toujours fidèle, celle du titre ne faillis-
sait et traversait les siècles; qu'autant il était facile de
corrompre le témoin, autant il était difficile d'altérer
ou de fausser le titre ; enfin que, puisque le titre était
muet, mentir lui serait impossible.

Quels motifs inspirèrent le législateur de 1566? Le
motif principal, le seul indiqué dans le préambule de
l'ordonnance, fut la multiplicité croissante des procès.
Mais ce motif en suppose un autre qui, lui aussi, eut sa

---

1. Parmis les seigneurs même, beaucoup savaient mieux manier
l'épée que la plume. On connaît les vers fantaisistes d'un poëte moderne
sur le gentilhomme d'alors :

> Sa main digne
> Quand il signe
> Égratigne
> Le vélin.

part d'influence: c'est la crainte de la corruption des témoins. Ce dernier motif fut indiqué plus tard dans l'ordonnance de 1667.

L'article 54 de l'ordonnance de Moulins est ainsi conçu :

« Pour obvier à la multiplication des faits que l'on a vu ci-devant être mis en avant en jugement, sujets à preuve de témoins et reproches d'iceux, dont adviennent plusieurs inconvénients et involutions de procès : avons ordonné et ordonnons que dorenavant de toutes choses excédant la somme ou valeur de cent livres seront passés contrats par-devant notaires et témoins, par lesquels contrats seulement sera faite et reçue toute preuve desdites matières, sans recevoir aucune preuve par témoins, outre le contenu audit contrat, ni sur ce qui serait allégué avoir été dit ou convenu avant icelui, lors, et depuis; en quoi n'entendons exclure les conventions particulières et autres qui seraient faites par les parties, sous leurs seings, sceaux et écritures privées. »

Une réforme si radicale et si brusque, succédant tout à coup à une tolérance illimitée, devait gêner bien des habitudes, froisser bien des intérêts. Aussi l'ordonnance fut-elle d'abord mal accueillie. Elle parut odieuse et contraire au droit, *dura, odiosa et juri contraria*. Elle parut dure, car, dit Boiceau, elle semblait rejeter les marchés passés par les personnes du menu peuple s'ils n'étaient rédigés par écrit, comme si on pouvait mener sans cesse un notaire avec soi; elle parut odieuse, car elle supposait la mauvaise foi chez la plupart des hommes; elle parut enfin contraire au droit, car l'excellence de la preuve orale n'avait jamais été contestée. Aussi chercha-t-on à restreindre la règle lorsqu'on ne put pas l'éluder. Cujas, par exemple, était d'avis que le dépôt aurait dû en être excepté, à cause de la faveur que mérite ce contrat. Forts de l'opinion du grand jurisconsulte, plusieurs auteurs osèrent soutenir qu'il en était réellement excepté.

Les mêmes raisons militaient en faveur du commodat. Aussi vit-on non-seulement des auteurs, mais des arrêts l'affranchir du joug de l'ordonnance. Vrevin prétendait qu'en haine de l'ordonnance, le moindre commencement de preuve par écrit devait faire admettre la preuve par témoins. D'autre part, les prohibitions nouvelles furent jugées incompatibles avec la faveur due au commerce et la célérité qu'exigent les opérations commerciales. Sur ce fondement, dit Ferrière, s'introduisit dans le royaume que, nonobstant l'article 54 de l'ordonnance de Moulins, la preuve par témoins serait admise entre marchands pour sommes excédant 100 livres.

Quoi qu'il en soit des critiques et des oppositions nombreuses soulevées par l'ordonnance de Moulins, Boiceau nous assure que nulle ordonnance ne fut mieux accueillie des parlements: « *Nulla toto hoc sæculo constitutio ac lex regia sanctior ac probatior visa fuit amplissimo nostro Galliæ senatui.* » Elle leur parut seulement un peu rigoureuse dans les termes: aussi travaillèrent-ils, de concert avec la doctrine, à l'adoucir dans ses applications. On admit, par exemple, que la voie du témoignage ne pouvait être refusée à celui qui avait été dans l'impossibilité de se procurer un écrit, ou l'avait perdu par suite de cas fortuit ou de force majeure. Le législateur, disait-on, n'avait pu vouloir l'impossible.

La question du dépôt fut, il est vrai, tranchée dans un sens rigoureux, et un arrêt de robes rouges l'assimila aux autres conventions. Mais, presque aussitôt, Boiceau, qui signale cet arrêt et l'approuve, établit une heureuse distinction au profit du dépôt nécessaire, distinction ratifiée par la jurisprudence et consacrée plus tard par l'ordonnance de 1667.

Celle-ci confirma l'ordonnance de Moulins et la compléta en réglant des points restés douteux. Nous nous contenterons d'en donner le texte sans aucun commentaire. L'explication trouvera sa place lors de l'examen du Code civil qui, sur ce point, est toujours le reflet, souvent le calque de l'ordonnance.

Ordonnance de 1667, titre XX, article II : « Seront passés actes par-devant notaire ou sous signature privée de toutes choses excédant la somme ou valeur de cent livres, même pour dépôt volontaire, et ne sera reçu aucune preuve par témoins contre et outre le contenu aux actes, ni sur ce qui serait allégué avoir été dit avant, lors ou depuis les actes, encore qu'il s'agit d'une somme ou valeur moindre de cent livres, sans toutefois rien innover pour ce regard, en ce qui s'observe en la justice des juges et consuls des marchands. »

III. — « N'entendons exclure la preuve par témoins pour dépôt nécessaire, en cas d'incendie, ruine, tumulte ou naufrage, ni en cas d'accidents imprévus où on ne pourrait avoir fait des actes, et aussi lorsqu'il y aura un commencement de preuve par écrit. »

IV.—« N'entendons pareillement exclure la preuve par témoins pour dépôts faits en logeant dans une hôtellerie, entre les mains de l'hôte ou de l'hôtesse qui pourra être ordonnée par le juge, suivant la qualité des personnes et les circonstances du fait. »

V.—« Si, dans une même instance, la partie fait plusieurs demandes dont il n'y ait point de preuve ou commencement de preuve par écrit, et que, jointes ensemble, elles soient au-dessus de 100 livres, elles ne pourront être vérifiées par témoins, encore que ce soit diverses sommes qui viennent de différentes causes et en différents temps, si ce n'était que les droits procédassent par succession, donation ou autrement, de personnes différentes. »

Telles sont les dispositions de l'ordonnance de 1667, relatives à la preuve par témoins. Elles sont, on va le voir, presque textuellement reproduites par le Code civil. Nous allons les retrouver tout à l'heure.

CODE CIVIL

DE LA PREUVE TESTIMONIALE EN MATIÈRE ORDINAIRE.

Après avoir subi des fortunes diverses, la preuve par témoins n'était sortie de l'ancien droit qu'amoindrie, mutilée, emprisonnée dans d'étroites entraves. La supprimer n'eût pas été possible ; mais on s'était armé contre elle, la pratique en ayant révélé les dangers. On en avait agi vis-à-vis d'elle comme à l'égard de ces substances dangereuses dont les gouvernements proscrivent ou restreignent le commerce : substances dont l'usage modéré, opportun, s'imposera souvent au malade, mais dont l'abus est toujours fatal, car elles recèlent un germe de mort.

Instruit par l'expérience des siècles, le législateur moderne est entré dans la même voie que ses devanciers. Lui aussi se trouvait en présence d'un double écueil. Accorder à la preuve par témoins une créance illimitée, c'était réveiller la chicane, ouvrir la porte aux procès, donner trop beau jeu à la mauvaise foi. Prohiber absolument ce même mode de preuve, c'eût été frapper le commerce en rendant impossibles les

mille petites transactions de chaque jour. Sans parler
de ceux qui ne savent pas écrire, n'eût-il pas été vexatoire d'exiger de ceux qui savent la rédaction d'un
écrit pour les actes les plus modiques ?

Que décider en face de ce conflit d'inconvénients ?
Comme les auteurs de l'ordonnance de Moulins,
comme ceux de l'ordonnance de 1667, les rédacteurs
du Code se sont sagement arrêtés à un parti intermédiaire.

Prohibition absolue, restriction, liberté, les trois
principes sont mis en œuvre vis-à-vis de la preuve
testimoniale. Elle a ses heures d'asservissement et ses
heures d'indépendance. Avec un peu d'audace de
langage, on la pourrait comparer à certaines nations changeantes, soumises tour à tour aux régimes
politiques les plus opposés. La preuve testimoniale
l'emporte encore sur elle; car elle les cumule. Ajou-
tons qu'elle ne se trouve point mal de cette singulière
combinaison de systèmes. Sur ce dernier point il sem-
blerait au moins hasardeux de poursuivre l'assimilation.

Il résulte de ce que je viens dire qu'il y aurait peut-être
témérité à poser avec certains auteurs un principe
absolu qui prétendrait dominer le sujet. Dans ce cas
les exceptions déborderont toujours et de beaucoup la
règle. Ce qui est vrai, c'est que le législateur se défie
du témoignage ; c'est qu'il le réglemente, le contient, le
maîtrise ; c'est qu'il lui préfère ouvertement la preuve
littérale. Que s'il fallait absolument formuler par une
règle les idées des rédacteurs du code, on pourrait
peut-être les ramener à ce précepte : toutes les fois
qu'elles le peuvent, les parties doivent rédiger leurs
conventions par écrit.

Telle est, je crois, sinon la prescription, du moins le vœu de la loi, vœu qui explique et justifie toutes ses dispositions sur la matière. Aussi me refuserai-je à établir en principe général comme le font beaucoup d'auteurs que la preuve testimoniale est prohibée. On peut assurément être séduit au premier abord par l'apparente simplicité d'une doctrine qui prétend tout rapporter à une règle unique et féconde, puis dégager de cette règle une théorie complète avec ses développements, ses corollaires, ses exceptions. Il n'est qu'un malheur en l'espèce : c'est que la prétendue règle ne saurait être admise. Il est inexact de dire que le témoignage est interdit en principe. Cela n'est vrai que des cas où il eût été possible ou facile aux parties de confier leurs volontés à l'écriture.

Mieux vaut donc s'en tenir, au risque de paraître moins savant, à la triple division que j'indiquais tout à l'heure. Suivant ainsi pas à pas la preuve testimoniale, nous la verrons comme parcourir une marche ascendante : rejetée tout d'abord, puis accueillie avec des restrictions, admise enfin.

CHAPITRE PREMIER.

EXCLUSION TOTALE DE LA PREUVE PAR TÉMOINS.

Supposons la preuve testimoniale en lutte avec la preuve littérale, le témoin en contradiction avec le titre, lequel des deux doit l'emporter ? L'issue de la lutte ne saurait être douteuse, dit la loi ; c'est le témoin qui succombe.

Art. 1341. «...Il n'est reçu aucune preuve par témoins contre et outre le contenu aux actes, ni sur ce qui serait allégué avoir été dit avant, lors ou depuis les actes, encore qu'il s'agisse d'une somme ou valeur moindre de cent cinquante francs ; le tout sans préjudice de ce qui est prescrit dans les lois relatives au commerce. »

C'est donc en vain désormais que la preuve par témoins tenterait de secouer le joug et de sortir de l'état de dépendance dans lequel le législateur l'a placée vis-à-vis de la preuve par écrit. Sa cause est aujourd'hui jugée. En présence d'un écrit le témoin n'a qu'à s'incliner ; on refusera même de l'entendre.

Mais il n'en fut pas toujours ainsi. On connaît les vicissitudes subies par la preuve testimoniale. Tantôt tenue en grande estime, elle marche de pair avec la preuve par écrit, sa rivale ; tantôt prise en suspicion, presque déconsidérée, elle est contrainte de lui céder le pas. Disons-le cependant, la preuve par écrit finit habituellement par triompher dans chaque lutte ; son adversaire perd du terrain à mesure que la civilisation en gagne.

C'est ainsi qu'à Rome où le témoignage jouit pourtant d'une considération marquée, il ne paraît pas, du moins dans le dernier état du droit, qu'on ait été jusqu'à lui donner l'avantage sur la preuve écrite. Ceci semble résulter presque certainement de textes déjà cités.

Le moyen âge lui-même, si favorable au genre de preuve qui nous occupe, n'osa point tout d'abord proclamer la supériorité du témoin sur l'écrit. S'il faut s'en rapporter à Beaumanoir qui écrivait, au xiii⁰ siècle, la maxime : *témoins passent lettres*, ne serait pas aussi ancienne qu'on le pense généralement. Tout au plus remonterait-elle au delà du xiv⁰ siècle. Définitivement abolie depuis 1566, elle n'a donc eu guère que deux ou trois siècles d'existence [1]. Ce furent les beaux jours de la preuve testimoniale ; ce fut aussi sans doute l'âge d'or de la chicane. Mais ce dut être une triste époque pour les plaideurs. La pauvreté et l'honnêteté, incapables, l'une par nécessité, l'autre par vertu, d'acheter la corruption et de payer le mensonge, étaient, malgré leur bon droit, fatalement réduites à l'impuissance. Les procès allaient se multipliant, avec eux les injustices et les parjures. Le métier de faux témoin tendait à devenir pour quelques-uns une sorte de position sociale.

J'ai signalé déjà l'influence éminemment bienfaisante de l'ordonnance de 1566. On sait qu'elle renversa fort heureusement le principe : *témoins passent lettres*, pour lui substituer la règle contraire : *lettres passent témoins*. L'ordonnance de 1667 reproduisit presque textuellement les dispositions de celle de Moulins, ou plutôt renchérit encore sur elle. Sous l'empire de l'ordonnance de Moulins, le témoin était encore reçu à prouver contre le titre au-dessous de cent livres. L'ordonnance de Louis XIV rejeta l'exception. Quelque modique que soit la valeur de l'objet en litige, dès qu'un écrit est produit, le témoignage doit se taire.

L'apparente sévérité de ces prohibitions est surabondamment justifiée. Outre les raisons déjà signalées de

---

1. Au reste, même alors, le principe comportait des exceptions, spécialement en matière de rentes annuelles. (Bouteillor, somme rurale.)

donner au titre la prééminence sur le témoignage,
n'est-il pas vraisemblable que les parties, en rédigeant
un écrit, ont voulu couper court à toute difficulté, à
tout arbitraire, à toute équivoque? Quel a pu être leur
but, sinon d'écarter la preuve testimoniale? N'est-il
pas manifeste que l'acte qu'elles dressaient était, dans
leur pensée, comme une véritable loi entre elles, loi
définitive, irrévocable, sacrée? Quelle serait l'utilité
d'un écrit s'il était permis de le contester, de le combattre sans cesse? Autant vaudrait le déchirer d'avance
ou plutôt ne l'avoir point fait [1].

Ces considérations expliquent l'étendue de la règle :
« il n'est reçu aucune preuve par témoins *contre et
outre* le contenu aux actes.... » Ce n'est pas seulement
contre, mais outre le contenu aux actes qu'il est défendu de prouver. On ne sera donc pas admis à soutenir que le titre a reçu postérieurement soit des restrictions, soit des extensions, soit des modifications
quelconques. On ne doit pas seulement respecter sa
teneur; on doit aussi respecter son silence. On ne peut
attaquer ce qu'il dit, ni suppléer à ce qu'il ne dit pas.
La loi est sagement partie de cette idée, qu'en rédigeant
un écrit, les contractants ont entendu y renfermer
leur pensée tout entière, et lui donner une expression précise. Le but de l'écrit est de prévenir toute
discussion [2]: ce sera donc, en cas de désaccord, l'unique
source à laquelle il sera permis de puiser.

---

1. Le principe de la supériorité du titre sur le témoignage est à
peu près universellement admis en Europe. On le retrouve même dans
les législations anglaise et autrichienne où la preuve par témoins jouit
d'un crédit presque illimité.

2. Bentham a dit de l'écrit qu'il avait une vertu *antilitigieuse*.

« Quand, en fait, dit M. Bonnier, un écrit a été rédigé, il semble aussi utile que raisonnable de ne plus chercher ailleurs le récit de ce qui s'est passé. Car en supposant même que les pourparlers qui ont précédé ou accompagné la rédaction soient fidèlement rapportés par les témoins, comment confondre sans arbitraire ces pourparlers avec la rédaction? Par cela seul qu'on n'a pas reproduit dans l'acte ces modifi. lions de la convention, n'est-il pas éminemment probable qu'on a voulu les exclure, ou du moins qu'on ne s'y est pas arrêté sérieusement? En posant cette règle, la loi ne s'écarte pas de la volonté des parties, elle ne fait que l'interpréter sainement. »

Les parties sont donc prévenues; elles ne pourront rien ajouter, rien retrancher à une convention écrite, sans écrire ou faire écrire la modification elle-même.

C'est ainsi que dans un bail à ferme, le propriétaire ne pourra réclamer de son fermier, outre le prix stipulé dans le bail, des redevances même minimes.

Ainsi quand le titre est muet sur le lieu ou l'époque du paiement, le débiteur ne sera pas reçu à invoquer un terme, le créancier, à soutenir que le paiement doit être effectué dans un endroit qu'il désigne.

L'intention du législateur sur ce point est si formelle si nette, qu'il ne recule pas pour l'accentuer devant une redondance énergique. Nous lisons dans l'article 1341 : « Il n'est reçu aucune preuve par témoins contre et outre le contenu aux actes, *ni sur ce qui serait allégué avoir été dit avant, lors ou depuis les actes.* » Il est clair que le second membre de cette phrase n'ajoute rien au premier, si ce n'est peut-être en force, en précision.

Mais si le principe est rigoureux, il ne faut pas en abuser par une interprétation exagérée. La loi ne réclame pas l'impossible.

L'inscription de faux, par exemple, tend directement à faire tomber un acte authentique. Or quel sera souvent son plus puissant auxiliaire? La preuve testimoniale, selon le Code de procédure. Faut-il s'en étonner? Y a-t-il anomalie? Pas le moins du monde. Ce n'est pas seulement, en effet, aux clauses, au contenu de l'acte que l'inscription de faux s'en prénd; c'est sa sincérité même, son existence matérielle ou juridique[1] qu'elle attaque. Elle ne le taxe pas d'erreur, elle n'en a pas le droit; elle l'accuse de mensonge, et pourra triompher. Le résultat paraît, il est vrai, singulier au premier abord. Le témoin qui peut faire tomber l'édifice n'a pas le droit de le critiquer. Cette solution est pourtant des mieux fondées; les auteurs semblent même la trouver si simple qu'ils ne s'arrêtent pas à en donner le motif. Il me paraît être le suivant.

La partie qui s'efforce simplement de « prouver contre l'acte », sera précisément repoussée, parce qu'elle ne conteste pas l'existence de l'écrit. Son aveu est sa condamnation. Puisqu'elle reconnaît le titre, c'est-à-dire l'œuvre qu'elle a contribué à faire, elle doit être la première à s'y soumettre. Pour la confondre, il suffira de lui montrer sa signature. « Notre écrit, lui dira son adversaire, n'a eu d'autre but que d'empêcher les dépositions des témoins. Respectez la loi que vous-même avez créée. » Mais si, sapant l'acte

---

1. Je fais ici allusion à la distinction entre le faux matériel et le faux intellectuel.

par la base, la partie dénie sa signature même, atteste que l'acte est supposé, qu'il ne fut jamais son ouvrage, que pourra lui répondre son antagoniste? Sur quoi se fondera celui-ci pour rejeter le témoignage? Serait-ce sur une convention tacite, comme tout à l'heure? Mais pareille convention n'existe point et ne peut exister. Elle serait insensée et immorale : insensée, car il est impossible de comprendre l'intérêt que pourraient avoir les parties à se désarmer ainsi d'avance, à se livrer sans défense aux entreprises coupables de l'officier public ou des tiers; immorale, car elle tendrait à protéger le crime.

Ces motifs servent à expliquer pourquoi la preuve testimoniale sera reçue même au-dessus de 150 francs au cas d'inscription de faux. On peut déduire encore une raison décisive de l'impossibilité où presque toujours la partie se sera trouvée de prévenir faux et de le démontrer par écrit. Or, nous le verrons plus loin, le cas d'impossibilité apporte à l'article 1341 une légitime exception.

Objectera-t-on qu'avec cette théorie, il sera facile d'éluder la loi? qu'on s'engagera dans l'inscription de faux pour obtenir la comparution des témoins? Je réponds que rien n'est moins vraisemblable, car l'inscription de faux nécessite une procédure difficile, périlleuse, propre à effrayer. Souvent d'ailleurs, la partie qui n'eût pas reculé devant une chicane, reculera devant une infamie.

La distinction qui vient d'être développée est contenue dans un fragment des Sentences de Paul : « Testes, *quum de fide tabularum nihil dicitur,* adversùs scripturam interrogari non possunt. » Impuissant à prou-

ver contre le titre reconnu, le témoignage sera libre
de déposer contre le titre dénié. Il peut détruire l'acte,
il ne saurait l'amoindrir. L'écrit, et c'est encore un
témoignage qu'on lui rend, ne pourra mourir que
debout.

Tout ce qui a été dit de l'inscription de faux doit
s'appliquer *secundùm subjectam materiam*, à la vérification d'écritures [1].

La règle qu'on ne peut prouver contre et outre
le contenu des actes ne serait point opposable aux
tiers qui n'ont pas été parties au contrat. Ils pourront
le contredire à l'aide de témoins. Mais pourquoi ?
Parce qu'il leur a été impossible de se procurer une
preuve écrite. L'hypothèse rentre dans une exception
beaucoup plus générale, que nous étudierons ailleurs.

Il faut en dire autant du cas où le consentement de
l'une des parties s'est trouvé vicié par suite d'erreur,
de dol ou de violence. Pareillement, la question de
savoir si une partie peut elle-même attaquer comme
simulé l'acte auquel elle a concouru rentre logiquement
dans le domaine de l'exception d'impossibilité.

L'article 1341 ne s'applique pas davantage et n'em-
pêcherait pas de recourir au témoignage, lorsqu'il s'agit
d'interpréter dans un acte des clauses et des expressions ambiguës. Un acte de vente porte que je vous ai
vendu un domaine. Plus tard, un désaccord, un
litige s'élève sur le nombre ou l'étendue des dépen-
dances de ce domaine. La preuve par témoins sera
possible. Loin d'être dirigée contre l'acte, l'interpré-

1. Art. 211, C. pr. civ.

tation n'a pour but, au contraire, que de rechercher et mettre au jour sa véritable pensée. Elle fait à l'égard de l'acte ce que font certains peintres à l'égard de vieux tableaux de maîtres, tachés, jaunis, ensevelis sous un masque de poussière. L'artiste à qui on apporte la toile se livre à un travail délicat. Il lave, brosse, polit, fait disparaître les taches, et peu à peu le tableau s'éclaire, ressort, apparaît lumineux. Qui soutiendra que le peintre n'a pas respecté l'œuvre de son devancier ?

L'interprétation d'un écrit obscur pourra donc se faire par témoins. Mais si l'obscurité prétendue n'existait pas, si elle n'était invoquée qu'afin d'arriver indirectement à prouver contre l'acte, si elle ne fournissait qu'un prétexte pour lacérer la toile, le magistrat devrait, sans hésiter, rejeter la preuve testimoniale.

Certaines hypothèses sont plus difficiles. Recevra-t-on le témoin, quand l'écriture est muette, à prouver la date de l'acte? le lieu où il a été rédigé ? Un ancien auteur, Danty, se prononce pour l'affirmative et en donne de judicieuses raisons : « Quand l'ordonnance défend la preuve de ce qui ne se trouve pas rédigé par écrit dans l'acte, elle n'a entendu parler que des conventions qui en font partie, parce qu'ayant été libre aux contractants de les y comprendre, s'ils ne l'ont pas fait, elle présume qu'ils les ont omises à dessein ; et elle ne veut pas qu'on les puisse suppléer malgré eux par une preuve testimoniale faite après coup ; mais à l'égard de la date de l'acte, ce n'est point une convention, elle ne dépend pas même en quelque sorte du fait des parties, puisque, soit qu'elle soit exprimée ou non, il est toujours vrai de dire qu'il y en a une, laquelle e certaine quand l'acte a été une fois passé, et que par conséquent ne s'agissant que de la vérifier, ce qui est un simple fait, la preuve par témoins doit en être reçue[1].

Ce que Danty dit de la date s'applique aussi exactement au lieu où l'acte a été passé. Ces hypothèses et quelques autres encore n'apportent point d'exceptions à la règle : elles sont en dehors de son application, comme le fait remarquer un estimable jurisconsulte américain, M. Greenlaff.

On sait, et nous verrons plus loin, que, sauf le cas qui nous occupe de conflit entre le titre et le témoin, la preuve testimoniale a cours dans les affaires dont l'importance n'excède pas 150 francs. De là l'intérêt que présente la question suivante : est-ce prouver contre l'acte que prouver par témoins l'extinction de l'obligation qu'il constate ? Supposons une créance inférieure à 150 fr. Un acte établit, par exemple, que je vous ai prêté 100 francs. Vous prétendez m'avoir payé; serez-vous admis à prouver votre libération par témoins ?

Sur ce point difficile deux systèmes se partagent la doctrine. Dans une première opinion soutenue par

1. Additions sur Boireau. — On peut faire des réserves sur le fond de cette citation, principalement sur une distinction que l'auteur semble ébaucher entre la preuve des conventions et celle des simples faits. Mais comme Danty l'abandonne et la réfute ailleurs, il serait superflu d'insister. La forme laisse peut-être plus à désirer que le fond. On peut relever jusqu'à douze que dans la longue phrase que j'ai reproduite. Il semble que l'auteur se sentant en possession d'une excellente vérité qu'il vient de découvrir, se soit empressé de l'exprimer d'un seul jet, sans reprendre haleine, comme s'il redoutait de la laisser échapper.

MM. Mourlon [1] et Larombière, on rejette impitoyablement le témoignage. En effet, disent ces auteurs, n'est-ce point, si on veut descendre au fond des choses, et toute subtilité mise de côté, prouver directement contre l'acte que de soutenir que le paiement a eu lieu ? Que constate, en effet, l'écrit ? Une obligation, un rapport, un lien entre vous et moi. Et que venez-vous affirmer ? que l'obligation n'existe plus, que le rapport est effacé, que le lien est rompu. Peut-on aller contre l'acte d'une façon plus hardie, plus évidente ? Le créancier jouit d'une position acquise ; jusqu'à preuve du contraire, la convention relatée dans l'écrit est présumée subsister. Dès lors c'est bien prouver contre l'état de choses existant, contre l'acte, que d'invoquer sa libération. Si le débiteur peut se justifier par une quittance, rien de mieux assurément ; il triomphe sans peine. Mais s'il a négligé soit d'exiger une quittance, soit de faire déchirer le titre qui l'accuse, il est en faute et son droit doit périr.

Nous n'admettrons pas cette opinion quoiqu'elle puisse s'étayer sur des raisons au moins spécieuses. Ces raisons présentées surtout sous la forme d'objections, ce qui est déjà peut-être un symptôme de faiblesse chez ceux qui les invoquent, ont la prétention de créer à l'opinion adverse des difficultés insurmontables. Nous espérons réussir à démontrer le contraire. C'est dire que nous nous rallions au second système avec la majorité des auteurs [2].

Et d'abord reportons-nous à l'article 1341, siège de

1. Revue critique.
2. En ce sens : MM. Delvincourt, Duranton, Marcadé, Bonnier, Zachariæ, Aubry et Rau, Dalloz, Massé et Vergé, etc.

la difficulté :« Il n'est reçu aucune preuve par témoins contre et outre *le contenu* aux actes... » Eh bien! celui qui allègue un payement prouve-t-il contre le contenu de l'acte? Assurément non ; il en reconnaît et proclame au contraire la pleine validité. Ce qu'il allègue seulement, c'est la survenance d'un fait postérieur qui a modifié l'état de choses existant. Or, puisque nous supposons une créance de moins de 150 francs, pourquoi la preuve de ce fait nouveau serait-elle repoussée ? L'erreur de nos adversaires provient d'une malheureuse confusion entre la situation juridique créée par un acte et cet acte lui-même. Impuissant à attaquer l'acte, le débiteur peut démontrer que la situation s'est modifiée.

Le texte est parfaitement d'accord avec cette interprétation. On y lit, en effet, qu'on ne pourra prouver « contre le contenu de l'acte ». Or l'exception tirée du paiement n'est-elle pas la preuve manifeste qu'on ne conteste en rien le contenu? Où trouver même une reconnaissance plus énergique de l'acte, un aveu plus éclatant?

L'ancien droit vient à l'appui de cette doctrine. Boiceau, qui fait autorité en ces matières, la tient pour incontestable et incontestée de son temps. Et lorsqu'au xviii° siècle seulement, quelques arrêts de parlements se prononcèrent en sens contraire, peut-être sur la foi de Jousse dont la pensée n'est pourtant pas certaine, Pothier, si prudent, si réservé d'ordinaire, proclame sans hésiter cette jurisprudence mauvaise. Cet argument historique est à lui seul écrasant pour qui songe que le titre *des obligations* n'est guère qu'un extrait de Pothier. « Depuis le titre *des contrats ou obligations conventionnelles,* jusqu'à celui *du cautionnement,* tous les titres de notre Code, comprenant environ mille articles, sont le calque fidèle des ouvrages de Pothier. C'est la même ordonnance à quelques détails près ; ce sont les mêmes idées générales [1]. » Nulle part peut-être ces paroles d'un éminent professeur ne se trouvent mieux vérifiées qu'en matière de preuve testimoniale. Ici tout a été copié ; l'art. 1341 spécialement est mot pour mot reproduit des anciennes ordonnances.

Par contre, le droit romain n'est pas en complète harmonie avec notre système. Mais comme ses règles, d'ailleurs assez mal connues sur ce point, étaient bien différentes des nôtres, on ne saurait en exhumer un argument d'analogie quelconque sans méconnaître les principes les plus élémentaires de l'interprétation. Sur le terrain de la preuve comme sur beaucoup d'autres, les rédacteurs du Code se sont médiocrement souciés de Justinien. C'est que depuis Rome la théorie de la preuve testimoniale avait fait un pas immense.

Mais on nous arrête par une objection. Eh quoi! dira-t-on, un débiteur sera reçu à prouver par témoins qu'il a payé sa dette, lorsqu'il lui est défendu de prouver qu'elle s'est diminuée, modifiée. Singulier système que celui qui conduit à cette incroyable conséquence! Comment cette différence entre les deux cas? N'y a-t-il pas au contraire un *à fortiori* à tirer en ce qui concerne le premier?

La bizarrerie n'est qu'apparente, et Marcadé répond à tout d'une façon victorieuse: « Lorsque le fait al-

---

1. M. Thézard : de l'influence des travaux de Pothier et de d'Aguesseau, sur le droit civil et moderne.

légué, dit-il, serait venu seulement changer l'état de choses antérieur dans quelqu'une de ses parties, tout en le maintenant d'ailleurs, l'écriture est demandée pour la preuve, parce qu'il n'est pas croyable qu'on ait modifié les choses sans modifier l'écrit qui les constatait et que l'on conservait comme les constatant : il était trop naturel, du moment qu'on ne déchirait pas cet acte, pour laisser tout sous l'empire de la preuve testimoniale, d'en faire, pour ainsi dire, une édition nouvelle et exacte. — Au contraire, quand le fait allégué serait venu détruire, supprimer le précédent état de choses, en sorte que l'écrit primitif voyait disparaître l'objet de sa constatation ; quand on est venu, non plus conserver en le modifiant l'état de choses antérieur, mais créer un autre état de choses, qui supposait bien, mais qui faisait entièrement cesser l'état précédent : alors l'écriture n'est pas exigée. La circonstance que le premier état était constaté par un écrit encore subsistant, n'empêche pas de prouver le second par témoins, parce que, s'agissant alors d'une chose absolument nouvelle, d'une chose pour la constatation écrite de laquelle il avait fallu, non pas une édition nouvelle et corrigée du même acte, mais un autre acte, les parties se sont retrouvées sous le droit commun, et ont été libres, ou de rédiger cet autre acte, ou de se contenter de témoins, puisque l'intérêt (on le suppose) n'excédait pas 150 francs. »

A l'argumentation de Marcadé, joignons une considéralion analogue toute de pratique et d'équité. Une modification, pour être faite, exige le concours des parties ; elle suppose des débats, des réflexions préalables. Dès lors mention du changement sera certainement faite sur le titre primitif, parce qu'on aura tout le temps de la faire.

Et tel est, en effet, l'usage. Mais la même observation ne saurait s'appliquer au paiement qui est l'œuvre d'une seule partie et par suite souvent inopiné. Pris à l'improviste dans une foire, dans un marché, sans avoir son titre sur lui, le créancier ajournera parfois sa quittance. Parfois même les circonstances la rendront impossible. Et cependant, si le créancier est de mauvaise foi, s'il meurt subitement, peut-on admettre que le débiteur soit sacrifié sans remède ? Lui reprocherait-on son imprudence ? Mais il y a eu force majeure ; mais sa méfiance eût été injurieuse. Quelle société, quelles relations seraient possibles, si les paiements les plus modiques nécessitaient une quittance immédiate, dès que le débiteur s'est engagé par écrit ? Comme rien n'est malheureusement plus fréquent qu'un paiement, cette injonction serait aussi injuste que vexatoire.

Pour être logique enfin, il faudrait aller jusqu'à défendre de compenser une dette constatée par témoins, avec une dette relatée par écrit, ce qui serait exorbitant.

Mourlon, qui examine la question et la résout contre nous, s'attache à faire ressortir les conséquences étranges, selon lui, auxquelles on aboutit dans notre système. Soit, dit cet excellent jurisconsulte, une dette de 150 francs à la charge de Pierre et cautionnée par Paul ; celui-ci prétend que le créancier par une convention postérieure, lui a fait remise du cautionnement ; pourra-t-il faire entendre des témoins ? Non, répondra-t-on dans le système de MM. Duranton et

Marcadé, car l'ancien état de choses subsiste toujours;
il a été simplement modifié dans l'une de ses parties,
et il n'est pas croyable qu'on l'ait modifié sans faire
une édition nouvelle de l'acte qui le constatait. Mais si
la caution, au lieu de la remise du cautionnement,
invoquait la remise de la dette, devrait-elle être entendue ? Oui, certainement, car il ne s'agit plus d'une
simple modification de la créance, mais de son extinction complète. Voilà donc deux solutions différentes; les faits qui y ont donné lieu sont-ils si différents ?

Je ne méconnais point assurément la portée de
l'objection. Il est possible que notre système aboutisse
dans une hypothèse extraordinaire à une conséquence
singulière. Mais n'en peut-on dire autant de tout
système ? Et qu'importe d'ailleurs, s'il est démontré
que c'est celui de la loi ? Le résultat est-il même aussi
choquant qu'on pourrait le croire? Est-ce que, dans
l'espèce qu'on nous propose, la distinction de Marcadé
devient inapplicable ? Nous persistons à la croire fondée. De même, l'argument tiré de la pratique, de
l'usage où sont les contractants d'inscrire sur le titre
primitif les clauses accessoires qui ajoutent à l'obligation, d'effacer celles qui la réduisent, tandis que
l'imprévu du paiement empêchera souvent une précaution analogue, cet argument conserve ici toute sa
valeur.

En désespoir de cause, M. Larombière nous oppose
une dernière et mauvaise raison. Le système contraire au sien, dit-il, permettra de tourner la loi.
Incapable d'entamer l'acte, d'en attaquer directement
le contenu, le débiteur prétendra qu'il a payé; ce

détour lui permettra de faire entendre des témoins.

Cette allégation d'un savant magistrat suppose deux invraisemblances : une grande perversité chez le débiteur, lorsqu'il s'agit pour lui d'un bien petit intérêt ; bien peu de clairvoyance et de sagacité de la part du juge. Le témoin malhonnête lui-même, ce témoin qui n'éprouverait pas de scrupule à altérer, à orner la vérité, hésitera s'il faut tout inventer. A défaut de conscience, la crainte du châtiment le détournera d'un aussi effronté mensonge. Mais le législateur s'est chargé lui-même de répondre à M. Larombière. Nous avons vu que l'inscription de faux qui pourtant est, si je puis parler ainsi, la plus mortelle ennemie du titre, peut[1] agir et lutter contre lui, tant à l'aide du témoignage qu'à l'aide de l'écriture. Dès lors, qui ne voit que si l'objection qu'on nous fait est fondée, il faut également l'opposer au législateur ? Le débiteur n'a qu'à arguer la pièce de faux et le témoignage entre en lice. La partie sera arrivée au but par un moyen détourné, et ce moyen, nos lois le lui fournissent.

C'est qu'en effet, le danger est à peu près imaginaire. C'est que, fût-il réel, il serait amplement compensé par des avantages plus considérables. C'est, de tout point, ce qui se passe dans notre hypothèse.

On dit que la misère est mauvaise conseillère. Nos adversaires semblent avoir pris à tâche de le prouver une fois de plus en invoquant de semblables raisons. Quand un système en est réduit à puiser toute sa force dans un argument de cette nature, il est bien

[1] Art. 232, C. pr. civ.

près de mettre bas les armes. Achevons-le par une considération décisive. C'est que les déchéances, les restrictions ne se suppléent pas. C'est que, dans une matière où tout est déjà très-rigoureux, on doit se garder de créer ou d'étendre des prohibitions. La liberté est de principe en matière de preuve; prouver est de droit naturel. D'où, si un doute s'élève, c'est l'interprétation favorable à la liberté qui doit prévaloir.

M. Colmet de Santerre qui combat dans notre camp propose pour arriver à la même solution que nous, une explication différente et qui donne beau jeu à nos adversaires. Contentons-nous de dire, et ceci suffit à sa condamnation, qu'elle aboutit à cette conclusion beaucoup trop générale; que non-seulement les conventions extinctives de l'acte telles que le paiement, mais encore les conventions *modificatives* de l'acte primitif, pourront être prouvées par témoins au-dessous de 150 francs. C'est, en un mot, affirmer exactement le contraire de ce qu'on lit par deux fois dans l'article 1341. On est véritablement confondu de voir un honorable jurisconsulte s'épuiser en aussi stériles efforts pour combattre l'évidence. Était-il donc besoin d'invoquer aussi mauvaise raison pour défendre une bonne cause?

Qui veut trop prouver ne prouve rien. Nous croyons malheureuse quant à nous l'explication de M. Colmet de Santerre; le secours qu'il nous offre est loin de nous tenter. On peut dire de lui ce qu'on dit d'une amitié maladroite : mieux vaudrait un adversaire décidé. Nous repoussons donc une alliance de ce genre comme dangereuse, car elle exigerait le sacrifice des textes, comme inutile, car l'ancien droit, le Code et l'équité réunis parlent à eux seuls un assez convaincant langage.

Nous avons, au cours de la discussion, ordinairement raisonné dans l'hypothèse d'un paiement. Faisons observer en généralisant que ce que nous avons dit du paiement s'applique pour les mêmes motifs à tout mode d'extinction des obligations.

Nous nous réservons d'examiner ailleurs si la défense de prouver contre et outre l'écriture ne reçoit pas une grave dérogation en matière commerciale.

Une question que je ne trouve examinée nulle part est de savoir si l'art. 1341 s'applique aux tailles. En d'autres termes, pourra-t-on au-dessous de 150 francs prouver par témoins contre la taille conforme à l'échantillon ? La raison de douter pourrait naître, ce me semble, de ce que les tailles sont placées au Code sous la section de la preuve littérale, et aussi de ce que Pothier a dit d'elles qu'elles constituaient une sorte de preuve par écrit. Je n'hésite pas à penser néanmoins que la preuve testimoniale peut toujours être reçue en cette matière. Il m'est impossible d'admettre que l'expression « actes » de l'art. 1341, si générale qu'elle soit, doive s'appliquer aux tailles. Or, en matière de preuve surtout, je le répète, les dispositions rigoureuses ne s'étendent point d'un cas à un autre.

Cette solution, si elle est fondée, semble justifier ce que je disais au début de ce travail du peu d'utilité de certaines classifications. C'est ainsi que quelques auteurs attachent une grande importance à la distinc-

7

tion des preuves en préconstituées et casuelles[1], et paraissent vouloir gouverner chacune de ces grandes divisions par les mêmes règles générales. Or, comme les écrits proprement dits, les tailles sont assurément des preuves préconstituées. Et cependant nous constatons ici entre eux une différence essentielle. Voilà donc les commentateurs en défaut ; car je doute qu'ils aillent jusqu'à contester cette différence par amour de l'art et de la symétrie.

CHAPITRE II.

EXCLUSION DE LA PREUVE TESTIMONIALE LIMITÉE A 150 FRANCS.

Nous venons d'assister au triomphe de la preuve littérale sur la preuve par témoins. C'est comme la phase d'incapacité de cette dernière. Nous entrons dans ce qu'on pourrait appeler la phase de l'émancipation. La preuve par témoins, en effet, suit une marche analogue à celle du jeune homme qui n'arrive que par degrés à la complète indépendance, à l'entière possession de lui-même et de ses droits. Un des états qu'il pourra traverser est l'émancipation. Capable d'agir lorsqu'un intérêt minime est en jeu, le mineur devient impuissant en présence d'actes plus importants

---

1. Notamment M. Bonnier, *Traité des preuves*. La preuve *préconstituée* dite aussi parfois preuve *légale* est celle qui suppose un fait destiné dès sa naissance à servir de preuve à un autre fait. La preuve *simple* ou *casuelle*, au contraire, ne suppose aucuns préparatifs, aucun travail antérieur de l'homme : telle est la preuve par témoins.

à accomplir. Il se passe quelque chose de semblable en ce qui concerne la preuve par témoins. Elle n'est plus vassale, elle n'est pas encore libre; elle est, si l'on veut, en curatelle.

Si presque toutes les législations sont unanimes à proclamer la prééminence du titre sur le témoignage, il n'en est pas de même dès qu'il s'agit de déterminer la créance qui doit être accordée, en l'absence du titre, à la preuve testimoniale. Ici les codes européens varient. C'est ainsi qu'en Autriche, ce mode de preuve est soumis au régime de la liberté absolue. Il en est de même, si je ne me trompe, en Danemarck, en Suède et en Norwége. L'Angleterre et les Etats-Unis n'exigent d'écrits que pour les actes les plus importants. Léon Faucher a pu dire dans ses *Etudes sur l'Angleterre* (chapitre de l'Aristocratie) : « Tout se fait en Angleterre sur parole, comme en France par engagement écrit. Le serment est élevé à l'état d'institution, et on le prodigue sans avoir à craindre qu'il s'avilisse... Un témoignage en Angleterre vaut, et c'est beaucoup dire, ce que vaut un chiffre chez nous. »

La question de l'administration de la preuve par témoins est, en effet, de celles dont la solution peut différer d'un peuple à un autre. Le législateur qui la réglemente y doit tenir compte des usages et de la moralité de son pays. Là où l'écriture est presque inconnue, où fleurissent les bonnes mœurs, la preuve par témoins pourra se passer d'entraves et rendre de signalés services. C'est le contraire qui se produirait dans des circonstances différentes.

On connaît, après les fluctuations de l'ancien droit sur la matière, le régime définitivement établi par les ordon-

nances de 1566 et de 1667. Une véritable sagesse avait
sans doute inspiré leurs dispositions, car l'épreuve
du temps leur fut favorable et dans la refonte générale de nos lois elles ont été respectées. Sur huit articles affectés à la preuve testimoniale, six ont été
textuellement reproduits des ordonnances; deux seulement ont été ajoutés pour affermir encore et compléter la théorie. L'article 1341 est toujours l'article
fondamental du sujet.

Art. 1341. « Il doit être passé acte, devant notaire
ou sous signature privée, de toutes choses excédant
la somme ou valeur de 150 francs, même pour dépôts
volontaires...... le tout sans préjudice de ce qui est
prescrit dans les lois relatives au commerce. »

On le voit, cet article renferme la consécration pure
et simple des anciennes règles, sauf une légère modification : le chiffre de 150 francs a remplacé 100 livres. Est-il besoin de faire remarquer ici avec tous
les auteurs, que le droit actuel s'est montré plus rigoureux encore que l'ancien. Loin d'être étendu, le domaine de la preuve testimoniale est circonscrit; car
150 francs d'aujourd'hui valent beaucoup moins que
100 livres d'autrefois.

Comme par le passé, le principe de la restriction
se justifie par un double motif : crainte de la multiplicité des procès, subornation possible, sinon facile
des témoins. Est-ce à dire que le taux de 150 francs
n'eût pu être élevé sans dangers? Tout en demeurant
d'accord sur l'excellence du principe, ne pourrait-on
émettre des critiques sur la sévérité de son application? La plupart des jurisconsultes s'y refusent. Il est
possible, disent-ils, que dans certains pays, où les

mœurs se sont conservées plus pures, où l'usage de l'écriture est moins répandu, il convienne de s'en rapporter plus fréquemment au témoignage. Mais chez nous la prétendue amélioration serait à coup sûr inutile, dangereuse peut-être.

J'incline à penser au contraire que le taux de 150 francs est trop bas, et qu'il serait désirable de le voir porter à un chiffre supérieur, 300 francs par exemple, ainsi que l'a fait le Code sarde. On doit, en effet, tenir compte de l'énorme dépréciation subie par l'argent depuis 1804. Les législations ne sont pas condamnées à une perpétuelle immobilité quand tout marche autour d'elles. Autant elles doivent se garder de devancer le progrès, autant elles doivent éviter de rester par trop en arrière. C'est pourtant ce qui est arrivé. 150 francs constituaient une somme importante, il y a soixante-dix ans, et ne le sont plus aujourd'hui. Qu'on n'aille pas soutenir que la différence de valeur entre les deux époques est compensée par les progrès de la corruption ou la vulgarisation de l'écriture dans les contrats. Outre que la preuve de l'une et l'autre de ces allégations serait fort difficile à faire, je répondrai par une simple considération tirée de la pratique, de l'expérience personnelle de chacun. N'est-il pas vrai qu'on voit journellement se traiter des affaires civiles de plus de 150 francs sans que les parties aient recours à l'écriture ? Combien de personnes qui ne savent pas écrire et redoutent les frais de l'acte authentique, se contenteront de s'en rapporter au témoignage, tant que la somme engagée reste faible ? (Et 150 francs, je le répète, ne sont plus une bien forte somme.) Eh bien ! si l'un des contractants méconnaît son obligation, faut-il que le bon droit de l'autre soit frappé d'impuissance ?

Objectera-t-on que le vœu de la loi est que les parties sachent écrire ? Mais je crois avoir répondu à l'objection tout à l'heure, en faisant observer que les législations doivent s'adapter aux usages sans les violenter, accompagner la civilisation sans la précéder. Il ne faut pas sous prétexte d'éviter des procès, aboutir à sacrifier légèrement dans l'intérêt d'adversaires, malhonnêtes, celui dont le seul crime est d'être peu lettré ou d'avoir témoigné d'un excès fort excusable de bonne foi. Je n'insiste pas sur ce petit reproche que j'ai cru devoir adresser au législateur moderne ; car il est peut-être déjà téméraire de ma part d'avoir osé le formuler.

Je reviens à l'art. 1341 qui est, je le répète, le siége de la matière. On y trouve, en effet, le principe déjà signalé qui explique toute l'économie de la section : toutes les fois que l'intérêt engagé est de plus de 150 francs, *il doit être passé acte*. Qu'on remarque surtout ces dernières expressions. Le législateur eût pu se contenter de dire : au-dessus de 150 francs, la preuve par témoins ne sera pas reçue. Mais c'est à dessein qu'il se sert d'une formule plus précise et plus impérieuse. On connaît, en effet, ses préférences peu dissimulées pour la preuve par écrit. Dès lors parlant en juris-consulte aussi bien qu'en législateur, il s'adresse aux parties et leur dit : « rédigez un acte, sinon attendez-vous à des difficultés sans nombre. Ces difficultés, je les ai créées moi-même dans l'intérêt général. C'est ainsi que j'interdis de prouver par témoins au-dessus de 150 francs ; c'est ainsi que j'ai accumulé de rigoureuses dispositions, semé comme à plaisir des entraves qui vous arrêteront à chaque pas. Vous voici prévenues :.

vous devrez, si vous êtes sages, prendre la voie de l'écriture. Que si vous négligez mes conseils, ne vous en prenez qu'à vous-même de votre imprudence ou de votre présomption. » Les articles 1342 et suivants dont la sévérité méticuleuse surprend au premier abord, n'ont pas une autre explication [1].

Nous examinerons successivement le principe en lui-même (art. 1341); puis les développements qu'il comporte et les conséquences qui en découlent (art. 1342-1344); enfin les précautions prises pour le rendre efficace, les garanties qui le protégent et le sanctionnent (1345 et 1346).

I. — Art. 1341. « Il doit être passé acte devant no-« taires ou sous signature privée.... » Ce serait se tromper que de croire que l'écrit est ici exigé comme condition de validité du fait juridique qu'il constate. L'art. 1341 ne vise en aucune façon, en effet, les contrats solennels, qui ont besoin, pour exister, d'écriture et de formalités. Quant à ceux-ci, la preuve testimoniale ne serait jamais reçue même au-dessous de 150 francs; car si les formes essentielles manquent, ils sont mort-nés. C'est bien à eux qu'on pourrait appliquer la célèbre phrase des Proculéiens: *forma dat esse rei*. Le texte a trait seulement aux contrats consensuels, à ces contrats que l'accord des volontés suffit

---

1. Pour être parfaitement exact cependant, le principe de l'article 1341, qu'il doit être passé acte de toutes choses au-dessus de 150 francs, doit être atténué par un tempérament équitable puisé dans l'article 1348. Ce n'est que lorsque la chose est possible aux parties, qu'un écrit doit être rédigé. Nous reviendrons sur cette idée.

à parfaire, dans lesquels l'écriture n'est qu'un élément requis pour la preuve. Dans ces derniers contrats, en effet, l'enveloppe matérielle, l'écriture qu'on pourrait appeler le corps du contrat, peut faire défaut dès l'origine, ou disparaître après coup ; la pensée, l'âme du contrat lui survit. La convention reste valable ; et la preuve par témoins au-dessous de 150 francs, l'aveu et le serment même au-dessus de ce chiffre, offriront une ressource dernière au créancier sans titre.

Cependant l'art. 1341 s'adresse à lui et lui enjoint de passer acte. Mais ici la mesure est prise dans son intérêt même, *ad probationem*, afin que son droit placé sous l'égide de la plus solide des preuves, soit définitivement soustrait à l'équivoque, mis à l'abri contre la mauvaise foi.

« .... De toutes choses... » Quelles sont ces « choses » dont il doit être passé acte quand leur valeur excède 150 francs ? S'agit-il seulement, comme le veut M. Bonnier, des choses qui émanent de la volonté de l'homme, contrats ou distrats, conventions *incestitives* ou *divestitives*, selon l'expression de Bentham ? S'agit-il véritablement de toutes choses sans exception, comme l'affirme Marcadé, qui livre sur ce point un combat en règle à l'éminent auteur du *Traité des Preuves*. Auquel de ces deux auteurs convient-il de s'en rapporter ? La question n'a au fond que bien peu d'importance ; car on arrive de part et d'autre à des résultats à peu près identiques. La différence consiste surtout en ce que, dans l'opinion de M. Bonnier, on critique et on rejette comme inutile une partie de l'art. 1348, tandis que l'opinion de Marcadé, plus respectueuse des textes, prend l'art.

1348 tel qu'il est, et s'harmonise sans efforts avec son dispositif. Aussi l'interprétation de ce dernier jurisconsulte nous paraît préférable. Selon nous, l'art. 1341 veut qu'il soit passé acte de « toutes choses », quelles qu'elles soient. Le principe est aussi large que possible; seulement l'art. 1348, y apporte une dérogation fort importante en exceptant de la règle tous les cas où il n'a pas été possible au créancier de se procurer une preuve écrite. C'est ce qui a lieu, par exemple, au cas de délits ou de quasi-délits.

Nous voyons donc dans l'art. 1341 une règle absolue, dans l'art. 1348 une exception dont nous ne retranchons rien. Toullier, et après lui M. Bonnier, ont soutenu que la règle n'ayant pas la portée que nous lui donnons, une partie de l'exception devenait inutile. Selon M. Bonnier notamment, le terme « toutes choses » viserait seulement les choses *dont on veut traiter ou disposer, de quibus contrahentes pacisci consueverunt*, dit-il en invoquant Boiceau. La formule ne pèche pas assurément par excès de clarté; car reste à savoir quelles sont ces choses. M. Bonnier le sent bien, et s'efforce d'expliquer sa pensée en disant que l'art. 1341 s'applique toutes les fois qu'il y a eu *aliquid gestum*, point lorsqu'il y a seulement *aliquid factum*. Mais l'explication aurait elle-même besoin d'être expliquée et surtout précisée. M. Bonnier ne se rebute pas, se bat de nouveau les flancs, et revient une troisième fois à la charge. C'est sans plus de bonheur, il faut bien l'avouer.

Ces tentatives infructueuses, cet embarras visible d'un jurisconsulte si clair et si sûr d'ordinaire, nous donnent à penser qu'il a fait fausse route. On se de-

mande s'il était bien nécessaire de faire violence à la
loi pour aboutir à une formule aussi vague, aussi indécise que celle qu'il nous donne. Le soupçon grandit
encore lorsqu'on se reporte à l'ancien droit, et qu'on
interroge les travaux préparatoires du Code. L'expression si générale de « toutes choses » se retrouve successivement dans l'ordonnance de Moulins et dans
celle de 1667. Et Danty, qui commente cette dernière,
écrit après s'être autorisé de l'opinion de Jousse et de
Pothier : « L'ordonnance de 1667 ayant dit : seront
passés actes de toutes choses, on ne doit pas douter
que sa disposition renferme non-seulement les conventions, mais généralement toutes les choses dont
celui qui demande à faire preuve a pu s'en procurer
une par écrit. » Lors de la confection du Code, au
projet primitif qui portait ces mots « toutes conventions sur choses », on substitua après coup et à dessein
la rédaction actuelle de l'art. 1341.

Un mot encore. Si la disposition de cet article doit
être restreinte, jusqu'à quelle limite doit-elle l'être ?
C'est ici qu'on touche du doigt le défaut principal de la
théorie de M. Bonnier. Ce défaut est de flotter dans un
vague nuageux, de se renfermer dans une circonspection excessive qui peut convenir en théorie, mais
ne suffit pas à la pratique. Presque chacune des idées
émises par M. Bonnier, prise à part, est une idée vraie ;
et pourtant il est impossible de les coordonner, de les
résumer en une règle fixe dont puisse s'inspirer le
juge.

En s'effaçant ainsi, sans offrir une surface, un corps
saisissable, les considérations présentées par le professeur de Paris peuvent échapper à l'analyse et pres-

que dérouter la critique ; mais elles ont, il faut le redire, un vice essentiel. C'est que, comme il est impossible d'en dégager un principe arrêté, d'y découvrir un critérium sûr, la question menace d'être abandonnée au plus déplorable arbitraire. M. Bonnier, guidé par une perspicacité remarquable, arrive aux mêmes conséquences que nous : soit ! Il saura s'arrêter à temps dans ses réserves sur l'art. 1341, nous le voulons bien. Mais qui nous garantit de la part de tous les juges un flair aussi exercé, un jugement aussi délicat, une clairvoyance aussi heureuse ? C'est ainsi que la jurisprudence [1], aujourd'hui revenue de son erreur, avait étrangement abusé de l'art. 1341. On se trouvait dans l'hypothèse suivante : un créancier, sur une exception de prescription qui lui est opposée, prétend établir que sa créance existe toujours, et que la prescription ne s'est pas accomplie, parce qu'elle a été interrompue par un paiement d'intérêts ou d'arrérages. Ce créancier pourra-t-il prouver par témoins le maintien de son droit, quelle qu'en soit l'importance ? La négative n'est pas douteuse dans notre système ; car le créancier pouvait se procurer un titre écrit, soit, au cas de rentes, un titre nouvel après 28 ans (art. 2263), soit au moins dans tous les cas, une contre-quittance. Cependant plusieurs arrêts se méprenant sur le terme « choses », qu'ils interprétaient dans le sens de conventions, avaient décidé le contraire.

Il est donc, en somme, aussi dangereux que contraire au texte de restreindre la portée de l'art. 1341.

---

1. Spécialement arrêts de Bruxelles (10 déc. 1812) et de Toulouse (18 mai 1831).

Sous prétexte de perfectionner la loi, on la mutile et on l'obscurcit. Pour nous, l'art. 1341, enjoignant de passer acte de « toutes choses » excédant 150 francs, n'a pas en vue seulement les conventions productives d'obligations ou de droits réels, mais encore tous les faits qui intéressent une personne pour plus de 150 francs. La prescription est générale. Si elle subit des exceptions, ce sont celles qu'il a plu au législateur d'établir. Quelle singulière méthode que d'amoindrir le principe, puis de restreindre les exceptions comme pour rétablir l'équilibre. De deux choses l'une, en effet : ou ce travail n'aboutit à rien et alors il est puéril, ou il aboutit à violer la loi et alors il est mauvais.

Zachariæ, choqué sans doute, lui aussi, de ce terme si peu académique de « toutes choses », a proposé de remplacer la première phrase de l'art. 1341 par celle-ci : « il doit être passé acte de tout fait juridique dont l'objet est d'une valeur supérieure à 150 francs ». La substitution peut séduire au premier abord ; je crois encore cependant qu'il vaut mieux s'en tenir au texte. Une réflexion y ramène : la possession n'est-elle pas, elle aussi, un *fait juridique* ?[1] Pourtant qui osera la comprendre dans l'art. 1341 ? qui soutiendra qu'elle ne peut se prouver par témoins ?

Ainsi le texte de l'art. 1341 résiste à toutes les attaques qu'a pu motiver son apparente simplicité. Il en est du reste de cette simplicité comme de celle de certains villageois qui, sous un masque de naïve bonhomie, cachent plus de malice et de finesse que bien des prétendus savants qui s'en moquent.

1. *Plurimùm ex jure possessio mutuatur*, a dit Papinien.

«.... excédant la somme ou valeur de 150 francs.»
La loi emploie les deux expressions, somme ou valeur,
car l'objet réclamé peut ne pas consister en argent.
Qui détermine la somme ou valeur de la chose?
Sera-ce ici la prétention même du demandeur, ou
encore une estimation de sa part, comme lorsqu'il
s'agit de décider si un jugement du tribunal d'arron-
dissement est ou non susceptible d'appel ? En aucune
façon; tous les auteurs sont d'accord à le reconnaître,
sauf peut-être M. Malleville, tirant ici les conséquences
logiques d'une erreur qu'il a commise ailleurs et que
nous relèverons bientôt. L'appréciation de l'intérêt
en litige est laissée au juge investi d'un pouvoir discrétionnaire. Celui-ci consultera tous les documents
de la cause, s'éclaircira par tous les moyens, en évi-
tant toutefois, s'il est possible, l'emploi de ceux qui
sont coûteux, tels que l'expertise. Mais une évaluation de sa part est indispensable, du moins au cas de
désaccord entre les parties. Jamais le doute ne s'inter-
préterait en faveur de l'admissibilité, comme cela a
lieu en faveur du demandeur en appel, lorsqu'il
s'agit une question de compétence et que ce dernier
n'a pas évalué sa prétention.

La doctrine qui vient d'être exposée se fonde directement sur les termes de l'article 1341, et indirectement sur les articles 1343 et 1344, où, loin de tenir
compte du chiffre mis en avant par le créancier, la loi
s'attache au chiffre véritable de la demande.

«.... Même pour dépôts volontaires.» Cette disposition, reproduite de l'ordonnance de 1667, a pour but
de prévenir un doute qui s'était élevé sous l'empire de
l'ordonnance de Moulins. On s'était demandé si le dépo-

sant ne fait pas injure au dépositaire (presque toujours un ami), en lui demandant une reconnaissance écrite du dépôt. Par suite, ne devait-il pas être introduit une exception en sa faveur, s'il négligeait, au-dessus de 150 francs, de se procurer une reconnaissance? On a pensé que non, et c'est avec raison. Le déposant ne saurait froisser le dépositaire par une mesure de prudence qu'il prend non contre lui, mais contre ses héritiers. D'où, s'il la dédaigne, il est en faute et n'a droit à aucune faveur. Le code ne doit pas protection à toutes les fausses susceptibilités.

Ce que nous disions du dépôt s'applique *à fortiori* au prêt à usage.

Laissons désormais le commentaire de l'article 1341, et passons en revue quelques hypothèses qui s'y rattachent.

Je suis votre débiteur de 2000 francs, mais je soutiens que ma dette est prescrite. Vous répondez que la créance existe toujours, puisque je vous ai payé 100 francs récemment, et que ce paiement a interrompu la prescription. Serez-vous admis à prouver par témoins le prétendu paiement de 100 francs que je vous ai fait? Il faut répondre non, sans hésitation, car l'intérêt engagé est de 2000 francs. Il devait être passé acte.

Il faut décider de même quand la différence entre les deux prétentions opposées n'est que de 150 francs ou moins. On a payé un chien de chasse 200 francs. Ce chien est vicieux, on exerce l'action rédhibitoire, le marché est rompu. Mais lorsque l'acheteur vient réclamer le prix, le vendeur prétend que ce prix est de 80 francs seulement et refuse de rembourser davan-

tage. Quoique le dissentiment qui le sépare du vendeur ne soit que de 120 francs, l'acheteur ne pourra
prouver par témoins le véritable prix de vente. Ici
encore, il devait être passé acte.

Il va de soi que les actes dans lesquels l'écrit est
substantiel, comme ceux dont nous avons parlé plus
haut, le legs par exemple, ne peuvent pas plus être
prouvés par témoins au-dessous de 150 francs qu'au-
dessus de cette somme. Ici la preuve n'est pas admise
parce que le legs, fût-il prouvé, ne sera pas valable,
« *Frustrà probatur quod probatum non relevat.* »

Une difficulté plus sérieuse se présente au cas de
société. L'article 1834 est ainsi conçu : « Toutes
sociétés doivent être rédigées par écrit, lorsque leur
objet est d'une valeur de plus de 150 francs. » Qu'entendre par l'*objet* d'une société ? Est-ce le montant
réuni des apports, indépendamment des bénéfices qui
peuvent survenir ? est-ce plutôt la somme des bénéfices réalisés, indépendamment des apports ? La question est fort débattue. Je n'hésiterais pas cependant à
me ranger au premier parti, qui paraît le plus conforme aux textes et au sens habituel des mots, si
une observation fort ingénieuse de M. Bonnier ne
venait me replonger dans l'embarras. L'article 1834,
dit-il en substance, n'est que l'application à un cas
particulier de la règle générale de l'article 1341. Lui
aussi est fondé sur deux motifs : crainte de la multiplicité des procès, crainte de la corruption des témoins. Qu'en résulte-t-il? Que chacune des opinions
qui viennent d'être indiquées repose sur un fond de
vérité, mais a le tort d'être exclusive. Les témoins ne
doivent être admis, ni dans le cas où l'objet total de

la société dépassait primitivement 150 francs, ni
dans le cas où l'intérêt collectif serait venu plus tard
à dépasser ce chiffre. « Si on allègue, dans le premier
cas, que la société a diminué de valeur, il est facile de
répondre que la preuve testimoniale n'est pas admissible pour une somme qui serait le restant d'une
créance plus forte non prouvée par écrit. (Art. 1344.)
Et si on prétend, dans le second cas, qu'il a suffi aux
parties de ne pas contrevenir à la loi lors de la forma-
tion du contrat, ne peut-on pas opposer l'article 1342
qui oblige à réunir les intérêts au capital ? N'y a-t-il
pas identité de raisons pour les bénéfices capita-
lisés[1] ? »

Après quelques perplexités, je crois devoir me rallier
à la théorie de M. Bonnier. Je me déclare séduit par
sa sagesse et sa simplicité. Il me semble qu'elle dérive
naturellement et sans efforts des principes généraux.
Elle cadre à la fois avec le texte de l'art. 1834 et avec
les vues les plus certaines du législateur. Pourquoi
laisserait-on les sociétés en dehors de la règle tutélaire
de l'art. 1341 ? Le danger de la multiplicité des procès
n'est-il pas ici à l'horizon plus grand, plus menaçant
encore, par suite du nombre des contractants et de la
complication des clauses constitutives ? Le danger de
la corruption des témoins au-dessus de 150 francs
est-il disparu ou affaibli ? On ne peut pas enfin reprocher à ce système comme à celui qui tient seulement compte des bénéfices, de soumettre l'admission
de la preuve testimoniale à l'influence d'événements
ultérieurs, à des variations incessantes. Selon nous,

1. M. Bonnier.

dès que 150 francs ont été dépassés, la preuve par témoins doit sans retour plier bagage[1].

II. — Il ne suffit pas de poser un principe et de le proclamer inattaquable. Il ne suffit pas même d'en réprimer la violation par une sanction énergique. Il faut encore et surtout prévenir les attaques indirectes, s'assurer des sentiers détournés, veiller sur les issues secrètes qui pourraient donner accès sur le terrain gardé. C'est ce que le législateur a fort bien compris. Les cinq articles qui suivent multiplient les précautions et les garanties à l'appui de l'art. 1341, et semblent autant de retranchements opposés aux tentatives d'empiétement de la preuve testimoniale.

Tout le système du Code peut se ramener à deux règles. Dès que l'intérêt engagé a excédé 150 francs à l'origine, la preuve testimoniale devient inadmissible, lors même que cet intérêt se serait abaissé depuis. Réciproquement, lors même que cet intérêt aurait été moindre de 150 francs à l'origine, la preuve testimoniale n'est pas recevable si au moment de la demande cet intérêt atteint le chiffre de 150 francs. On considère à la fois et le moment où le droit est né et le moment où il est introduit en justice. « On se reporte au passé parce que le vœu de la loi est qu'on s'assure une preuve stable dès le principe. On s'attache au présent parce qu'il ne faut pas perdre de vue non plus le danger de la corruption des témoins[2]. »

1re Règle. — *On s'attache à l'époque où le droit a pris naissance.* —'Art. 1343 : « Celui qui a formé une de-

---

1. Contrà : MM. Mourlon, Paul Pont, Valette, etc.
2. M. Bonnier.

mande excédant 150 francs, ne peut plus être admis à la preuve testimoniale, même en restreignant sa demande primitive. »

Je vous dois 500 francs et je refuse de payer. Serez-vous libre, après avoir intenté une action pour la somme qui vous est due, de la restreindre à 150 francs et de faire admettre le témoignage? L'art. 1343 s'y oppose. Il en serait différemment toutefois si, votre créance n'étant réellement que de 150 francs, c'est par erreur que vous avez réclamé davantage. Toullier se trompe manifestement lorsqu'il soutient le contraire.

Art. 1344. — « La preuve testimoniale, sur la demande d'une somme même moindre de 150 francs, ne peut être admise lorsque cette somme est déclarée être le restant ou faire partie d'une créance plus forte qui n'est point prouvée par écrit. »

Reprenons l'hypothèse de tout à l'heure. Je suis votre débiteur de 500 francs, et nul écrit ne constate l'obligation. Plus habile que dans l'espèce précédente, vous ne demandez que 150 franes, dès l'origine du procès. Réussirez-vous avec la preuve par témoins jusqu'à concurrence de cette somme? Non; car votre créance *fait partie d'une créance plus forte.* Dès que ce point sera établi, dès que les dépositions des témoins auront révélé l'existence d'une créance plus considérable, votre prétention devra rentrer dans l'ombre. De même, si une personne créancière de 500 francs laisse cinq héritiers, ceux-ci ne sauraient se prévaloir de la division de la dette pour faire entendre des témoins. C'est même en vue de ce cas que les mots « faire partie » ont été ajoutés à l'art. 1344 sur la demande du Tribunal.

Enfin lorsque je vous ai payé 400 francs sur les 500 que je vous dois, mais que je conteste la dette pour le surplus, la preuve par témoins vous échappe encore. Votre créance est *le restant d'une somme plus forte.* Toutefois, si au moment du paiement je me suis engagé devant témoins à m'acquitter du complément de ma dette, c'est-à-dire de 100 francs dans l'espèce, on s'accorde à reconnaître que la preuve par témoins sera recevable. C'était aussi l'avis de Boiceau et de Pothier. Semblable promesse est, disait ce dernier, comme une convention nouvelle. Rien ne s'oppose donc à ce que, si elle n'excède pas le taux légal, la preuve testimoniale en soit admise.

Il importe de réfuter ici une erreur de M. Malleville, erreur d'autant plus grave qu'elle l'a entraîné fatalement à en commettre plusieurs autres. « La preuve testimoniale..... porte l'art. 1341, ne peut être admise que lorsque cette somme est *déclarée* être le restant ou faire partie..... » Et M. Malleville, se préoccupant outre mesure du terme *déclarée*, de décider aussitôt par à *contrario* que le témoignage serait efficace, si le créancier ne *déclarait* pas que sa créance est le restant ou fait partie d'une créance plus forte, quoique le contraire fût prouvé par témoins. Cette interprétation littérale, judaïque, n'a convaincu personne. Eh quoi! a-t-on dit avec raison, le créancier qui agit avec franchise et loyauté en déclarant l'origine de sa créance, serait moins favorablement traité que celui qui la dissimule! On encouragerait la partie à tromper le juge, à éluder la loi! Singulière prime que celle qu'on accorderait au mensonge!

Les diverses solutions qui viennent d'être données

sont incontestables, mais peuvent paraître rigoureuses. Aussi certains auteurs les critiquent ; M. Duranton particulièrement s'indigne contre l'article 1344. Cet article n'est, selon lui, qu'une tache, qu'une *absurdité* dont on devrait purifier le Code au plus vite. L'émotion de l'honorable auteur n'est pourtant pas justifiée. Elle repose sur cette idée, par nous démontrée fausse à plusieurs reprises, que la prohibition de la preuve testimoniale serait uniquement fondée sur la crainte de la subornation des témoins. On comprendrait alors, en effet, que le témoin fût agréé toutes les fois que la demande est bornée à 150 francs. L'article 1343 serait également condamnable. Mais dès qu'il devient constant que la haine des procès a été un des considérants les plus puissants des décisions de la loi, tout s'enchaîne, s'explique, s'éclaire à merveille. On retrouve partout et toujours l'intention dominante, persévérante du législateur : toutes les fois que la chose est possible, les parties devront passer acte au-dessus de 150 francs d'intérêt. Celles qui ne l'ont pas fait sont en faute et succombent.

Sitôt donc qu'a été créée une dette supérieure à 150 francs, il faut renoncer à produire des témoins. Peu importe qu'on *limite* sa demande ou qu'on la *restreigne après coup*; peu importe qu'il ne *reste* à acquitter qu'une somme modique (art. 1343, 1344).

2ᵉ Règle. — *On s'attache à l'époque où l'action est introduite en justice.* — Si le droit, moindre de 150 francs à l'origine, a dépassé ce chiffre au moment où la demande s'affirme, le témoignage échouera une fois de plus. Ici, c'est le motif de la corruption des témoins qui apparaît dans toute sa force. Car le danger des subornations grandit à mesure que s'élève l'intérêt en litige

Art. 1343. — « La règle ci-dessus s'applique au cas où l'action contient, outre la demande du capital, une demande d'intérêts qui, réunis au capital, excèdent la somme de 150 francs. »

En conséquence, dès le capital, augmenté des intérêts, franchit le taux légal, la partie doit se procurer une reconnaissance écrite. Sinon tout est compromis, capital et intérêts. Le créancier ne pourra pas même limiter sa demande à 150 francs ; ce serait réclamer une *partie* de ce qui lui est dû. Le droit inférieur à 150 francs peut s'asseoir sur la preuve testimoniale, parce que si cette dernière est suspecte, l'intérêt engagé est de peu d'importance. Si la base est fragile, le droit qu'elle supporte est léger. Mais quand ce droit, mince à l'origine, s'accroît, s'élève, se développe, le support devient trop faible et s'affaisse, la base croule entraînant le droit dans sa chute.

Ainsi, chose singulière et qui surprendra l'observateur superficiel ! la stipulation d'intérêts peut nuire au créancier. J'ai déjà expliqué ce phénomène. Ce créancier désobéit à la loi lorsqu'il n'a pas soin, au-dessus de 150 francs, de recourir à l'écriture. Dès lors il est en faute, sa négligence porte ses fruits ; il a véritablement lâché la proie pour l'ombre.

L'article 1343 a sa raison d'être. Volontiers même, je reconnais son efficacité à prévenir des fraudes, surtout avec le complément que lui fournissent les articles 1345 et 1346. Aussi, malgré son extrême sévérité, je n'hésiterais pas à l'approuver si, comme j'en ai exprimé le vœu, une loi venait à porter le taux légal au delà de 150 francs. Les inconvénients déjà signalés à ce sujet se font ici particulièrement sentir; car la prohibition du témoignage s'aggrave. Indirectement, le chiffre de 150 francs se trouve encore abaissé par l'article 1343.

Il est incontestable que ce dernier article a seulement trait aux intérêts échus au moment de la demande et non à ceux qui peuvent échoir dans le cours de l'instance. Pareillement, l'article 1343 ne saurait s'appliquer aux dommages-intérêts réclamés par le créancier pour inexécution de l'obligation. Ceci ressort clairement d'une modification que le Conseil d'État fit subir à cet article, dont la rédaction primitive était conçue en ces termes: « La règle ci-dessus s'applique au cas où l'action contient, outre la demande du capital, une demande en dommages-intérêts. » C'est qu'en effet, les dommages-intérêts résultant toujours d'un préjudice imprévu, extraordinaire, rentrent dans l'hypothèse d'impossibilité de l'article 1348.

Il en serait autrement si les parties avaient fixé d'avance le montant des dommages-intérêts par une clause pénale. L'impossibilité d'employer la preuve littérale disparaissant, on se retrouve sous l'empire de la règle. Mais je ne prétends pas par là qu'on doive, pour l'évaluation de la demande, réunir le chiffre de la clause pénale au chiffre de l'obligation. On l'a soutenu cependant. La preuve à faire, a-t-on dit, porte sur un fait juridique complexe dont l'objet se compose à la fois du principal et de la peine. C'est aller trop loin selon moi. Il est inexact de ne voir dans la clause pénale que l'accessoire de l'obligation; elle en est l'équivalent, elle est seulement destinée à la remplacer, puisqu'aux termes de l'article 1329, si l'obligation n'est pas exécutée, le créancier ne peut demander en même temps le principal et la peine [1].

L'article 1345 protége l'article 1343, de même que l'article 1346, que nous étudierons ensuite, assure l'observation de l'article 1345. Pour atteindre et violer la loi, il faudra donc traverser comme une triple armure.

Art. 1345. « Si dans la même instance une partie fait plusieurs demandes dont il n'y ait point de titre par écrit, et que, jointes ensemble, elles excèdent la somme de 150 francs, la preuve par témoins n'en peut être admise, encore que la partie allègue que ces créances proviennent de différentes causes, et qu'elles se soient formées en différents temps, si ce n'était que ces droits procédassent par succession, donation ou autrement de personnes différentes. »

Vous m'avez prêté 150 francs à 5 %. : deux ans s'écoulent sans paiement de ma part. Ma dette s'est donc élevée à 165 francs. L'article 1342 vous déclare déchu du droit d'invoquer la preuve testimoniale. Mais un subterfuge était possible. J'intente, auriez-vous dit, deux demandes distinctes : l'une de 150 francs de capital, l'autre de 15 francs d'intérêts ; la preuve orale doit m'être ouverte dans les deux cas. De la sorte, l'article 1342 eût été tourné. C'est à ce résultat que l'article 1345 vient mettre obstacle. Mais cet article va plus loin et généralise la décision. Toutes les fois

---

1. Devrait-on faire prévaloir la même solution si la clause pénale avait été stipulée pour simple retard ? Il est permis d'en douter ; car dans ce cas, elle n'est bien véritablement que l'accessoire de l'obligation (art. 1229).

qu'un même créancier aura vis-à-vis d'un même débiteur plusieurs créances qui, réunies, excèdent 150 francs, le témoignage sera repoussé lors même que ces créances proviendraient de causes différentes ou se seraient formées à diverses époques. Je vous ai confié 100 francs en janvier, prêté trente francs en février et encore trente en mars. Un écrit est devenu nécessaire.

Boiceau décidait le contraire dans son commentaire de l'ordonnance de Moulins. Ce fut le célèbre formaliste Pussort qui fit passer dans l'ordonnance de 1667 la disposition de cet article, combattue par Lamoignon comme exorbitante. Depuis, elle a reçu l'approbation de Pothier : « L'esprit de l'ordonnance en défendant cette preuve, ayant été que les particuliers ne fussent point exposés aux risques de la subornation des témoins pour des sommes considérables et excédant 100 livres, qui leur seraient demandées par des fripons, elle doit être refusée soit que cette somme soit prétendue pour une seule ou plusieurs causes, étant aussi facile de suborner les témoins qui déposent de plusieurs fausses créances, que d'en suborner qui déposent d'une seule. Lorsqu'aux créances qui n'excèdent pas cette somme, le créancier en ajoute une nouvelle qui fait monter le total de toutes les créances à plus de 100 livres, il doit en faire dresser acte. » M. Bigot-Préameneu reproduisit les mêmes idées lors de la discussion de l'article 1345. Aussi ne comprend-on guère la vivacité des critiques de Toullier à son endroit.

En formant le total des créances, on ne devra pas faire entrer en ligne de compte celles qui sont de nature à se prouver par témoins. Telles sont, outre les créances relatées par écrit, les créances commerciales, celles pour lesquelles l'absence de titre se justifie par une impossibilité constatée. Peu importe que ces dernières créances soient antérieures aux autres, elles n'entreront pas davantage dans le calcul de la somme entière. Vous me demandez 200 francs dont 150 dus pour une vente et 50 par suite d'un dépôt nécessaire (art. 1348). Pourrai-je, si le dépôt a précédé le prêt, écarter vos témoins sous prétexte que vous saviez bien, lors du prêt, que j'allais devenir votre débiteur de 200 francs, et que vous deviez alors vous procurer un titre? Ma prétention serait logique peut-être; mais elle ne serait pas légale. La loi a évité avec raison de se jeter dans des questions de date, questions éminemment délicates quand il n'existe pas d'écrit. Sa sévérité est d'ailleurs assez grande sans qu'on y ajoute.

A côté de la règle prohibitive de l'article 1345 on voit surgir l'exception. Si les créances procèdent de différentes personnes « par succession, donation ou autrement », si un héritier, par exemple, réclame à la fois le prix d'une vente consentie par son auteur et la restitution d'une somme prêtée par lui-même, la règle fléchit, et c'est justice. Quelle faute reprocherait-on au demandeur ou à son auteur? Chacun d'eux prévoyait-il à l'origine que la mort, ou tout autre événement réunirait leurs biens, confondrait leurs créances?

Mais l'exception ne s'appliquerait plus sans doute si la créance du demandeur était postérieure à l'événement qui lui a transmis celle de son auteur. Mon père fait un prêt de 150 francs à Primus et meurt. Toute autre créance que j'acquerrai désormais contre Primus devra être rédigée par écrit (sauf ce qui a été dit des créances qui en sont dispensées). En pareil cas, en effet, si je connais, ce qu'on suppose, l'existence du prêt fait par mon père, je n'ai aucune excuse à faire valoir. Je ne me dissimule pas cependant que cette solution qui paraît si naturelle, si conforme à l'esprit de la loi, n'est pas en parfait accord avec le texte. C'est un défaut très-grave en la matière : aussi je n'oserais pas la garantir exacte. Je sens fort bien qu'on pourrait me taxer de contradiction et me renvoyer à ce que je disais tout à l'heure.

L'article 1345 se sert des mots : « succession, donation ou *autrement.* » Il n'est donc pas de différence entre un héritier, un donataire, ou même un cessionnaire de créance. Nous sommes, vous et moi, créanciers de Pierre pour 100 francs chacun. Je vous cède ma créance moyennant un prix ; vous voici donc créancier de 200 francs. Etes-vous dans la règle ou dans l'exception de l'article 1345 ? Il me paraît hors de doute que vous êtes dans l'exception, et que vous pourrez prouver par témoins vos deux créances réunies.

III. — Une créance moindre de 150 francs à l'origine, s'augmente de ses accessoires et dépasse ce chiffre : l'article 1342 rejette la preuve par témoins. Le créancier prend un détour, scinde sa prétention, forme plusieurs demandes dans la même instance : sa tentative de fraude vient se briser contre l'article 1345. Va-t-il essayer un dernier effort, ruser encore en introduisant plusieurs instances successives : l'article 1346 se dresse devant lui et l'arrête. Ainsi la place est bien gardée. Examinons en détail la règle de l'article 1346.

Art. 1346. « Toutes les demandes, à quelque titre que ce soit, qui ne seront pas entièrement justifiées par écrit, seront formées par un même exploit, après lequel les autres demandes dont il n'y aura point de preuve par écrit ne seront pas reçues. »

Cet article tend à obtenir un double résultat. Le premier, spécial à la matière qui nous occupe, est d'empêcher la violation indirecte de l'article 1345. Il serait, en effet, superflu d'interdire la preuve par témoins pour des demandes qui, séparément inférieures à 150 francs, excéderaient ce taux par leur réunion, s'il demeurait permis d'intenter à des intervalles différents plusieurs demandes successives et distinctes. L'article 1346 prévient tout subterfuge. Sans lui, la règle deviendrait dérisoire, l'article 1345 serait lettre morte ; le législateur lui-même en serait déconsidéré. Aussi, examiné à ce premier point de vue, l'article 1346 nous paraît irréprochable.

Le second résultat que cet article se propose d'atteindre, est plus général, par suite bien plus considérable : c'est de restreindre le nombre des petits procès, d'obtenir une plus prompte expédition des affaires, en réunissant plusieurs procédures en une seule. On doit remarquer, en effet, que l'article 1346 s'applique non-seulement au cas où l'ensemble des demandes dépasse 150 francs, mais aussi au cas où cet ensemble est inférieur à ce chiffre. De même, les créances pour lesquelles la preuve testimoniale est autorisée, telles que celles qui proviennent de différentes personnes, celles qui s'appuient sur un commencement de preuve par écrit, celles qui n'ont pu être prouvées par écrit (1348), ne sont pas exceptées de la règle et devront être formées par le même exploit. Cette solution qui résulte du texte et surtout de l'ordonnance de 1667 [1], a été contestée en ce qui concerne les créances fondées sur un commencement de preuve par écrit. L'article 1347 déclare, en effet, faire exception aux règles ci-dessus, quand il existe un commencement de preuve par écrit, d'où l'article 1346 serait compris dans les dispositions auxquelles il déroge. A ceci, une double réponse : l'une tirée du texte de l'article 1346, « toutes demandes qui ne sont pas entièrement justifiées par écrit » ; l'autre tirée des travaux préparatoires. Lors de la rédaction de l'article 1347, l'article 1346 ne figurait pas dans le projet du code.

L'art. 1346 a donc un double objet, on n'en saurait douter. J'ai justifié le premier; j'avoue me trouver beaucoup plus embarrassé en présence du second. Que le législateur, épris d'un louable zèle, s'efforce de mettre un frein à la multiplicité des petits procès, de réduire le nombre des instances, d'épargner aux parties des lenteurs et des frais, je ne vois là rien que de raisonnable, et j'applaudis volontiers. Mais que, par une bizarrerie inexplicable, par une inconcevable distraction, ce même législateur fasse une distinction sans motif entre les créances rédigées par écrit, et celles qui ne le sont pas : voilà ce que je n'admets pas et ce que je blâme. Si, comme on n'en saurait douter, la fréquence des petits procès est ruineuse et d'un mauvais exemple, il fallait tarir tout entière la source de l'abus. Alléguera-t-on que les inconvénients seront moindres lorsqu'un titre existe, les frais moins consi-

---

1. V. la discussion de cette ordonnance.

dérables que lorsqu'une enquête est nécessaire ? J'accorde que cela soit vrai : que s'ensuit-il ? Est-ce à dire que pour être un peu moins ruineux, un peu moins funeste, le danger n'existe pas ?

Dans une note malheureusement trop courte, Mourlon, préoccupé de cette inconséquence de la loi, risque la considération suivante : « La règle de l'article 1346, dit-il, s'applique-t-elle au cas où il existe une preuve écrite de chacune des créances? La négative est en toutes lettres dans l'art. 1346. N'en pourrait-on pas conclure *que sa disposition a eu uniquement pour objet de prévenir les fraudes au principe que les créances qui, réunies, dépassent 150 francs, ne se prouvent pas par témoins?* On serait assurément tenté de suivre Mourlon sur ce terrain, de développer et d'achever sa pensée. On y gagnerait toujours de voir disparaître du Code une tache, *une inélégance* choquante, comme diraient les jurisconsultes romains. Bonne ou mauvaise, on aurait une règle uniforme. Mais, il faut bien le reconnaître, s'il est permis ici d'émettre une critique ou de formuler un vœu, ce serait se jeter dans le pays de la fantaisie et se substituer au législateur, que de mettre en avant une pareille doctrine[1]. Le texte n'est que trop formel et surtout l'argument tiré des travaux de l'ordonnance de 1667 est sans réplique.

Je m'étonne de trouver chez les commentateurs, dont la charité vis-à-vis des rédacteurs du Code n'est pas le défaut dominant, une indulgence inépuisable à l'endroit de l'art. 1346. Toullier lui consacre à peine quelques lignes ; Marcadé n'y rencontre rien d'insolite,

---

[1]. V. pourtant M. Larombière.

M. Bonnier déclare qu'il est prêt à le défendre envers et contre tous. Je n'en persiste pas moins à le trouver bizarre. Un Zoïle méticuleux pourrait même lui reprocher de n'être guère à sa place. Mais ce ne serait là qu'un reproche sans importance, contestable d'ailleurs ; ce ne serait qu'une égratignure dans le manteau de Diogène.

Le créancier ne peut comprendre dans son action les droits qui n'étaient pas nés lors de la demande, cela est d'évidence. On ne saurait donc le punir de ne l'avoir pas fait. Cependant le contraire a été soutenu par Delvincourt qui lui refuse la preuve testimoniale si, par la suite, il lui survient un nouveau procès avec le même débiteur. Marcadé se donne le facile plaisir de réfuter ce qu'il appelle, avec sa vivacité de langage habituelle, une aberration impardonnable.

Où la controverse est possible, c'est lorsque les créances du demandeur ne sont pas toutes exigibles. Est-il alors forcé de faire entrer dans sa demande et les créances exigibles et celles qui ne le sont pas? D'excellents esprits l'ont pensé, et veulent que du moins, puisque le demandeur ne peut réclamer ce qui n'est pas échu, il mentionne dans la demande les sommes inexigibles, pour qu'on puisse vérifier s'il n'a pas contrevenu aux art. 1341 et 1345 qui prescrivaient la rédaction d'un écrit. L'opinion contraire, plus généralement suivie, me paraît préférable. Les principes sont assez rigoureux par eux mêmes, sans qu'on s'évertue à les exagérer. Or l'art. 1346 se sert du mot « demandes » et on ne forme point une demande d'une dette qui n'est pas échue.

On doit également soustraire à l'action de l'article

1346, le cas où le demandeur ne connaissait pas l'existence de quelqu'une des créances. Tel est le cas où il aurait ignoré l'ouverture d'une succession.

Le texte porte que c'est par un même « exploit » que toutes les demandes doivent être formées. En quel sens entendre le mot *exploit*? Dans son sens littéral ou dans le sens d'instance? Les deux interprétations ont leurs partisans.

Une dernière question, avant d'abandonner cet arsenal de textes peut-être un peu monotones, ce système de défense si complet que le législateur oppose aux envahissements de la preuve par témoins. S'il est contrevenu à l'article 1346, quelle sera la sanction ? Est-ce le témoignage seulement que le juge devra repousser quand les demandes n'auront point été réunies par le même exploit ? Ou devra-t-il pareillement se refuser à admettre tout mode de preuve autre que le titre ? En un mot, restera-t-il au demandeur la ressource de l'aveu et du serment ? Bien que la doctrine opposée compte dans son camp des interprètes estimés, je penche à croire que la prohibition vise à la fois l'aveu et le serment comme la preuve testimoniale. Quoi de plus énergique que ces expressions : « les autres demandes dont il n'y aura pas de preuves par écrit, *ne seront pas reçues* » ? L'exclusion est aussi générale que possible ; elle se réfère à tous les modes de preuve autres que l'écriture. Ce n'est pas tel ou tel mode de preuve qui ne sera pas reçu, c'est la demande elle-même. L'intention de la loi est de réduire le nombre des petits procès, et ce motif ne perd rien de sa valeur dans l'espèce. Bien plus, notre interprétation est comme le couronnement indispen-

sable de la règle de l'article 1346. Quel procès empê-
chera-t-on, si l'aveu et le serment restent au demandeur comme ressource dernière? Quel créancier négli-
gera de s'en servir?

CHAPITRE III.

ADMISSIBILITÉ SANS LIMITES DE LA PREUVE PAR TÉMOINS

On peut ramener à trois les cas où la preuve par
témoins, recouvre sa liberté d'action . C'est:

1° En matière commerciale ;

2° S'il y a commencement de preuve par écrit ;

3° S'il a été impossible de se procurer ou de conserver une preuve écrite.

Désormais, l'article 1341 ne se dresse plus comme
un obstacle infranchissable entre le plaideur et la
preuve par témoins. Soit qu'il existe un écrit, soit qu'il
s'agisse d'un intérêt supérieur à 150 francs, le témoignage est absolument libre de se produire.

Aux trois cas que nous venons de signaler, certains
jurisconsultes ont proposé d'ajouter celui où les parties sont d'accord pour admettre la preuve testimoniale, dans les circonstances mêmes où la loi l'interdit. En effet, disent-ils, qu'est le consentement de
l'adversaire, autre chose qu'un commencement d'aveu
de sa part ? S'il a la loyauté de renoncer à se prévaloir
de l'article 1341, si, lui aussi, a confiance dans le
témoignage, pourquoi le juge refuserait-il l'enquête?
La justice et la vérité ne peuvent qu'y gagner.

Disons tout d'abord que la question est l'une des

plus controversées du Code civil. La doctrine s'est,
sur ce point, partagée en deux camps à peu près
égaux : d'un côté, des noms tels que ceux de MM.
Duranton, Bonnier et Boitard; de l'autre, MM. Toullier, Boncenne, Zachariæ, Aubry et Rau, Larombière.... Les perplexités de la jurisprudence ne sont
pas moins vives, comme l'attestent de nombreux
arrêts en sens divers [1].

Je pense que la double prohibition de l'article 1341
est d'ordre public, et que, par suite, le consentement
des parties ne saurait permettre d'y déroger. Si donc
ce consentement se produit, le juge devra d'office
rejeter la preuve testimoniale. Voici, brièvement, les
motifs principaux qui ont déterminé ma conviction en
faveur de ce système.

C'est tout d'abord le texte même de l'article 1341 :
« il n'est reçu aucune preuve par témoins.... » L'injonction s'adresse aux juges et non point aux parties.
C'est encore le texte des articles 253 et 254 du Code
de procédure, qui autorisent l'enquête seulement
« dans le cas où la loi ne la défend pas ».

Toutefois, je ferais peu de cas de ces arguments de
texte, s'il ne s'y venait joindre un argument bien plus
puissant, tiré des motifs mêmes qui ont inspiré le
législateur. On sait, en effet, et nous l'avons dit à
satiété, que la prohibition de l'article 1341 ne tend pas
seulement à garantir le plaideur du danger de la subornation des témoins, mais encore à prévenir la multiplicité ruineuse des procès. Que le premier motif soit

1. V. notamment deux arrêts de Cass. : l'un du 12 mars 1816,
l'autre du 5 août 1857.

9

principalement d'ordre privé, on peut, à la rigueur,
l'admettre, quoique la sincérité du témoignage se rat-
tache, jusqu'à un certain point, à des considérations
de morale publique. Mais, où l'on est bien obligé de
voir un motif d'intérêt général, c'est dans le motif
déduit de la multiplicité des procès, motif au moins
aussi important que l'autre, le seul même qu'on ait
fait valoir dans le préambule de l'ordonnance de Moulins. Ici, disons-nous, l'ordre public est intéressé. Ce
n'est pas, en effet, dans l'intérêt seul des parties en
cause qu'il importe de diminuer le nombre des procès,
c'est dans l'intérêt de la société tout entière. L'ac-
quiescement de la partie adverse qui peut faire disparaître ou atténuer le premier motif, laisse subsister le second.

Nous avons déjà dit de quelle autorité devaient être
en matière de témoignage les raisons évoquées de l'ancien droit. La question qui nous occupe s'y était
fréquemment présentée, et voici ce que disait de
Louet, annotateur de l'ordonnance de Moulins: « Cette
ordonnance est une loi qui regarde en sa constitution
et en sa fin le profit et l'utilité publique. » Rodier,
Bornier, Boiceau, Danty étaient du même avis, et,
malgré l'opinion contraire de Jousse et de Duparc-
Poullain, avaient entraîné la jurisprudence à leur
suite. Or, peut-on supposer que les rédacteurs du
Code 'aient ignoré une aussi célèbre controverse?
Et, s'ils ne l'ont pas ignorée, et qu'ils aient voulu réagir
contre l'ancien droit, pourquoi se sont-ils servis d'un
langage semblable, de termes identiques? Pourquoi
ont-ils restreint à trois (art. 1341, 1347, 1348), les cas
où la preuve testimoniale est libre? Peut-on admettre

qu'ils eussent négligé de s'expliquer sur un quatrième cas, si ce quatrième cas eût existé? Leur silence est d'autant plus expressif, que, sur les quatre, ce cas était le seul qui pût faire l'objet d'un doute. C'est donc à lui surtout qu'on devait faire l'honneur d'une mention spéciale, et c'est précisément lui qu'on omet.

Je viens de dire qu'on l'omet. C'est encore de ma part pure condescendance, car je crois avoir démontré que l'art. 1341 fait mieux et le rejette. En veut-on une preuve nouvelle? C'est encore l'art. 1341 qui la fournit : « Il doit être passé acte », y est-il écrit dès la première ligne. Qu'est-ce à dire sinon que les parties qui n'ont pas passé d'acte sont en faute? Dès lors, comment un rapprochement, une entente entre elles, les relèverait-ils de leur négligence? Qui tolérerait cette ligue de deux adversaires que tout divise, et qu'un seul lien, une pensée commune réunissent un instant: l'espoir de renverser la loi? Aussi le législateur y a mis bon ordre, et la sanction suit de près la règle : « il n'est reçu aucune preuve.... »

Mais on nous fait des objections : examinons-les rapidement. Les objections sont l'épreuve des bons systèmes; c'est au feu des attaques que leur vitalité s'affirme et que leur vigueur se révèle. Espérons que le nôtre en sortira consolidé.

Pourquoi, dit-on, se montrer plus difficile, plus chatouilleux, plus défiant que la partie adverse? Le véritable intéressé, c'est elle. Que la faculté de s'opposer à l'enquête soit une arme toujours laissée à sa discrétion, rien de plus juste; mais, dès que cette partie a confiance dans la bonne foi des témoins, dès qu'elle renonce loyalement à se prévaloir d'un béné-

fice introduit en sa faveur, pourquoi s'efforcer de la
protéger contre elle-même? J'ai d'avance réfuté cette
objection. L'art. 1341 n'est pas édicté dans l'intérêt
d'un plaideur, mais dans l'intérêt de tous; ce n'est
pas un bouclier dont on use à son gré et qui ne couvre
qu'un homme; c'est un rempart immobile qui protége
la société même. J'ajoute que souvent les deux parties
se trouveront bien de l'apparente rigueur de la loi :
on leur aura épargné les difficultés, les lenteurs et les
frais d'une enquête.

Mais ne peut-on pas voir, du moins, une sorte d'aveu,
un commencement de preuve par écrit dans le consentement de l'adversaire à l'enquête? La concession
qu'il fait n'a-t-elle pas autant de force que l'indice
souvent si léger qu'on puise dans un commencement
de preuve? L'art. 1347 n'est-il pas applicable? Quoique
cette idée appartienne à M. Bonnier, j'avoue qu'elle ne
me satisfait guère. Il m'est impossible de voir, dans le
consentement de la partie, un signe de faiblesse, une
concession faite à son adversaire. Bien au contraire,
j'y trouve de sa part un symptôme de confiance profonde en la bonté de sa cause. Si elle accepte la lutte,
ce n'est évidemment pas dans l'intérêt de son adversaire, c'est parce qu'elle se sent en mesure de la soutenir sur ce nouveau terrain, c'est peut-être par
amour-propre ; c'est, peut-être encore, parce qu'elle
ne veut pas seulement vaincre, mais convaincre son
adversaire et le public. Or la loi n'a pas pensé que ces
dernières considérations, quelle que pût être leur
valeur, méritassent d'entrer en balance avec les motifs
d'ordre supérieur qui ont été signalés. La fréquence
excessive des procès dans une société, c'est le scandale,

c'est l'encouragement au mépris de la loi ; c'est la discorde permanente avec son cortége nécessaire de haines, de vengeances et de crimes.

On insiste encore. Il y a, dit-on, quelque chose d'odieux dans une doctrine qui permet au défendeur d'obtempérer en apparence à une enquête frustratoire, en se réservant, si elle lui est défavorable, la faculté de l'attaquer et de tout remettre en question. A ceci, une réponse bien simple : c'est que le cas ne peut pas se présenter dans notre système, si le juge a fait son devoir. Il a dû, dès l'origine et d'office, repousser l'enquête. S'il ne l'a pas fait, quoi d'étonnant à ce que sa désobéissance aux ordres du législateur, produise de fâcheux résultats ? Le même effet se produit toutes les fois qu'il viole la loi.

Je pourrais, à mon tour, signaler avec M. Larombière une inconséquence chez certains partisans du système adverse. Lorsque l'une des parties demande l'enquête, contrairement à la règle de l'art. 1341, et que l'autre garde le silence sans s'opposer ou consentir, ces honorables auteurs, redevenus timides et respectueux de la loi, ramenés subitement au sentiment du devoir par une inexplicable conversion, reconnaissent que le juge devra refuser d'autoriser le témoignage. De deux choses l'une pourtant : ou la règle de l'art. 1341 est d'ordre public, ou elle ne l'est pas... Je n'ai pas besoin, je pense, d'achever le dilemme.

J'ai gardé pour la fin une dernière considération qui paraît, avec raison, décisive à Boncenne. Si le consentement des parties suffisait à effacer l'article 1341, l'usage s'introduirait vite de glisser dans les contrats une clause par laquelle les parties s'engageraient d'a-

vance à admettre la preuve orale en cas de contesta-
tion. L'amour-propre s'en mêlant, peut-être aussi, pour
faire honneur aux témoins qui pourraient assister à
l'acte, on prendrait l'habitude d'insérer cette clause ;
elle ne tarderait pas à devenir de style. Le but de la
loi serait donc absolument manqué. Que deviendrait
l'injonction de rédiger un écrit au-dessus de 150 francs ?
Que deviendrait l'excellente règle qu'on ne peut pas
prouver contre et outre le contenu de l'acte ?

Ainsi la double prohibition de l'article 1341 est bien
d'ordre public. C'est à tort, selon nous, que certains
auteurs ont cru devoir adresser au législateur de 1804
le reproche d'incurie, que d'Argentré adressait déjà aux
législateurs de son temps : « *Admirabilis principum
socordia, qui de his tamdiù patiuntur dubitari, de quibus uno
verbo constituere poterant !* » La question nous paraît très-
clairement résolue par l'art. 1341. L'esprit du législateur, si souvent manifesté en ces matières, les précédents historiques, le Code de procédure, tout proteste
contre cette accusation imméritée.

SECTION I.

DE LA PREUVE PAR TÉMOINS EN MATIÈRE COMMERCIALE.

Jusqu'ici la preuve testimoniale a été traitée en
ennemie. En matière commerciale, au contraire, l'admissibilité du témoignage est de principe. C'est seulement dans quelques cas exceptionnels que la loi a cru
devoir exiger un écrit. Les transactions commerciales
exigent, en effet, une célérité qui ne s'accorde pas

avec les lenteurs de l'écriture. Le commerce vit de bonne foi ; la nécessité de rédiger un écrit lui créerait d'innombrables entraves. Il serait souvent impossible aux commerçants de déférer aux injonctions légales : le législateur présume sagement qu'il ne l'a jamais pu. Aussi un esprit amoureux de méthode pourrait-il rigoureusement réunir ce cas à l'hypothèse plus générale d'impossibilité.

L'article 1341 contient ou plutôt indique le principe de l'admissibilité indéfinie de la preuve orale en matière de commerce :

« Le tout, sans préjudice de ce qui est prescrit dans les lois relatives au commerce. »

Ce principe est fort ancien dans l'histoire de notre droit. J'oserai dire qu'on n'en connaît pas l'origine en France ; il y est sans doute aussi ancien que le commerce. Puisque l'article 1341 se contente de renvoyer aux lois commerciales de 1804, c'est-à-dire à l'ancienne législation commerciale, il importe de rechercher quelle fut dans l'ancien droit l'étendue du principe. Nous examinerons ensuite si ce principe a subi des transformations ou des atteintes en passant dans notre code de commerce.

Dès Charles IX, un édit de novembre 1563 créait la juridiction consulaire. Le préambule portait : « Pour le bien public et abréviation de tous procès et différends entre marchands qui doivent négocier ensemble de bonne foi sans être astreints aux subtilités des lois et ordonnances. » Et l'article 5 : « Si les parties sont contraires et non d'accord de tous faits, délai compétent leur sera préfix à la première comparution, dans lequel elles produiront leurs témoins qui seront ouïs sommairement, et sur leur déposition le différend sera jugé sur-le-champ si faire se peut. »

Ces règles n'étaient que l'application du droit commun, puisque aucune restriction ne s'était encore imposée au témoignage.

Venue trois ans après, en 1566, l'ordonnance de Moulins, qui établit la nécessité de l'écriture pour toutes sommes ou valeurs excédant 100 livres, ne s'adresse « qu'aux justices royales, parlements et siéges présidiaux », et ne soumet pas à ses règles les consuls, juges essentiellement électifs, et qu'on n'a jamais appelés juges royaux. Personne aussi ne se trompa sur la portée des prohibitions nouvelles. Nous connaissons déjà la tendance de l'époque à interpréter restrictivement l'ordonnance. Ici le doute ne pouvait pas même naître : les transactions commerciales échappaient d'autant plus facilement à la règle qu'elles restaient en dehors de ses termes.

L'ordonnance de 1667 fut plus explicite. Après avoir reproduit dans son article 2 la double prohibition de l'ordonnance de Moulins, elle ajoute : « sans toutefois rien innover pour ce regard en ce qui s'observe en la justice des juges et consuls des marchands.» Les procès-verbaux de l'ordonnance nous apprennent que cette restriction ne passa pas sans protestation. Elle trouva un défenseur autorisé dans Pussort en contradiction sur ce point avec Lamoignon, comme cela se produisit si souvent au cours de la discussion de l'ordonnance. On rompit plus d'une lance, et ce ne fut pas sans efforts que le vieux praticien finit par l'emporter.

Mais si la discussion fut vive, nous venons de voir que la disposition qui en sortit ne laisse aucune prise

à l'équivoque. On ne saurait donc comprendre les ré-
sistances et les hésitations de certains jurisconsultes
en présence d'un texte aussi précis. Ils invoquent, il
est vrai, l'article 7 du titre XVIII de la même ordonnance : « Si les parties sont contraires en fait, *et que la
preuve soit recevable par témoins*, délai compétent leur
sera donné pour faire comparoir respectivement leurs
témoins.... » De ce texte il résulte, dit-on, que la
preuve par témoins n'est pas admise dans tous les cas
en matière commerciale.

Nous l'admettons volontiers. Nous ne prétendons pas
d'abord que la preuve testimoniale doive être néces-
sairement admise sans que le juge ait le pouvoir de
la rejeter si elle lui paraît dangereuse. Le contraire
nous paraît hors de doute. En outre, comme nous le
verrons tout à l'heure, la loi commerciale impose dans
un certain nombre de cas la nécessité d'une preuve
écrite. Voilà donc deux hypothèses très-importantes
auxquelles peuvent s'adapter les expressions de l'article 7 du titre XVIII. Nous ne voyons pas qu'il soit
nécessaire d'en imaginer d'autres. L'article 2 de l'ordonnance ferme la porte à toute prétention de ce
genre, à toute velléité d'introduire des exceptions ar-
bitraires.

Objectera-t-on que l'édit de 1563 était, à l'origine,
spécial à la ville de Paris? Mais qu'importe, puisque la
règle qu'il consacre existait déjà dans toute la France.
Il fut d'ailleurs étendu à la province par l'article 1 du
titre XII de l'ordonnance du commerce de 1673 : « Dé-
clarons communs pour tous les siéges de juges et consuls. l'édit de leur établissement dans notre bonne
ville de Paris du mois de novembre 1563, et tous

autres édits ou déclarations touchant la juridiction consulaire. »

Aussi l'ancienne jurisprudence accueillit-elle sans réserve la preuve par témoins en matière de commerce.

Telle était la situation, lorsque les rédacteurs du Code civil, reproduisent dans l'article 1341 les dispositions de l'article 2 du titre XX de l'ordonnance de 1667, ajoutèrent : « Le tout sans préjudice de ce qui est prescrit en matière de commerce. » Quelles sont ces prescriptions ? Evidemment l'édit de 1563 généralisé par l'ordonnance de 1673 et l'ordonnance de 1667. On a cependant prétendu le contraire, et soutenu que la phrase finale de l'article 1341 se référait au Code de commerce à venir.

L'allégation peut tout au moins sembler bizarre. Comment supposer que le législateur ait entendu soumettre les citoyens à des lois qui n'existaient pas ? L'article 1341 renvoie à « ce qui est prescrit », et non à ce qui sera prescrit. Mais admettons un instant cette interprétation, quelque invraisemblable qu'elle puisse être. Persistera-t-on à contester le maintien du principe, si nous démontrons que le Code de 1807 lui-même a voulu le reproduire ?

On sait que le Code de commerce fut l'œuvre d'une commission de commerçants attachés au siége consulaire de Paris, gens fort pratiques sans doute, mais peu imbus d'esprit juridique. Un instant, il est vrai, poussés par un mobile qu'on a peine à s'expliquer, ils songèrent à astreindre la preuve commerciale aux règles de la preuve civile. On n'eût admis la preuve orale que fortifiée d'un commencement de preuve par écrit. L'article 69 du projet portait en conséquence : « Les achats et ventes se constatent.... par la preuve testimoniale, *s'il y a un commencement de preuve par écrit.* »

Cette innovation, venant de rédacteurs commerçants que leur position aurait dû mettre au courant des usages et des nécessités commerciales, fut accueillie par un cri unanime de protestations. « Un grand nombre de villes réclamèrent, dit l'analyse raisonnée des observations des tribunaux ; elles invoquèrent les usages et la jurisprudence des tribunaux de commerce. Elles firent observer que la plupart des transactions qui s'opèrent dans les foires et marchés ne peuvent être prouvées que par témoins ; qu'on détruirait tout moyen de réclamation en n'admettant la preuve testimoniale que lorsqu'il y aurait un commencement de preuve par écrit. »

Émus de ces observations, les commissaires renoncèrent eux-mêmes à leur rédaction primitive. Ils retranchèrent les mots « s'il y a un commencement de preuve par écrit », et conservèrent l'admissibilité pure et simple de la preuve testimoniale.

On l'a cependant contesté. Le Code de commerce, a-t-on dit, n'agréant la preuve testimoniale que dans les cas d'achats et ventes (art. 109) et de sociétés en participation (art. 49), on doit la rejeter impitoyablement partout ailleurs. C'est l'application des maximes : *inclusio unius rei est exclusio alterius ; qui dicit de uno negat de altero.*

Mais la jurisprudence a reconnu, avec raison, que

1. P. 11 et 12.

l'intention du législateur avait été, au contraire, de généraliser la règle de l'article 109, et de maintenir intact l'antique usage des tribunaux de commerce. Les rédacteurs du code de commerce se sont attachés au contrat de vente, parce que ce contrat résumait, à leurs yeux, toutes les opérations commerciales. Si le titre VII du code de commerce est intitulé *des achats et ventes*, on sait qu'il n'y est traité en réalité que de la preuve commerciale. L'inexactitude de la rubrique a sa cause, nous le répétons, dans la situation particulière des rédacteurs du projet, marchands plutôt que jurisconsultes, pour qui le commerce était tout entier dans ces deux mots : acheter et revendre.

Si, d'autre part, les sociétés en participation sont l'objet d'une mention spéciale, c'est que le silence de la loi sur ce point eût donné à penser que les règles propres aux autres sociétés commerciales leur étaient applicables. La société en participation n'exigeait pas les mêmes garanties d'écriture et de publicité, à cause de son caractère intime. Cette association aime à s'envelopper de mystère, elle reste inconnue aux tiers. Elle est plutôt *in actu quam in habitu* ; elle existe, mais elle ne se montre pas.

La preuve testimoniale est admissible ; cela ne signifie pas qu'elle doive toujours être admise. Les juges ont, à cet égard, un pouvoir discrétionnaire absolu : ils l'admettent ou la rejettent suivant les circonstances. Il est vrai que le même pouvoir appartient au tribunal civil [1]. Aussi se demande-t-on si l'article 109 a voulu accorder aux juges de commerce un

---

1. Art. 253, C. de proc.

pouvoir plus étendu qu'aux juges civils. Au fond, la controverse me paraît dénuée d'intérêt pratique : aussi la laisserai-je dans l'ombre.

Que résoudre, si le fait à prouver n'est commercial que de la part de l'une des parties ? Il faut décider sans doute que la preuve orale sera recevable contre cette partie seule et point contre l'autre [1].

La libération d'une dette commerciale à l'origine, mais judiciairement contractée depuis, peut-elle se prouver par témoins? Je ne vois guère sur quoi pourrait s'appuyer la négative. En quoi la reconnaissance en justice pourrait-elle changer le caractère de l'obligation [2] ?

Les conventions purement civiles, passées dans les foires et les marchés, sont-elles affranchies des prohibitions de la preuve testimoniale ? La controverse sur ce point est très-ancienne. Après quelques hésitations, Boiceau se prononce pour la négative. « Dans tous les cas, dit-il, la preuve par témoins ne doit pas être admise ; et je crois qu'elle ne doit pas l'être, parce que cette ordonnance le défend. Et on ne peut alléguer la difficulté de trouver des notaires, qui ne peut plus être alléguée avec raison, parce que s'il y a un grand nombre de foires, il y a aussi à présent un grand nombre de notaires dans le moindre bourg ou village. C'est pourquoi ceux qui trafiquent dans les foires feront plus prudemment, surtout quand ils veulent faire crédit à quelqu'un, d'en passer acte devant notaire [3]. »

1. Consulter en ce sens MM. Aubry et Rau et Demangeat.
2. Cass. 6 avril 1841 ; contra Toullier.
3. Danty sur Boiceau I, chap. IX, n. 6.

Telle était aussi la solution donnée par Danty et Pothier. C'est celle qu'on doit encore adopter aujourd'hui. Elle est même, de nos jours, moins rigoureuse que du temps de ces auteurs, parce que l'écriture est plus répandue. On doit observer aussi que presque tous les marchés en foire se font au comptant [1].

Peut-on enfin prouver en matière de commerce contre et outre le contenu aux actes? La seconde règle de l'article 1341 s'efface-t-elle alors comme la première? Cette question est des plus débattues; toutefois un accord tend à s'établir, et la grande majorité des suffrages paraît dès aujourd'hui acquise au système de l'affirmative. M. Bonnier lui-même, qui, dans sa première édition, s'était fait l'un des champions les plus ardents de l'opinion adverse, a passé plus tard à l'ennemi avec armes et bagages. Avec MM. Toullier, Pardessus, Zachariæ, Aubry et Rau, Marcadé, Bravard et beaucoup d'autres, nous admettrons également la preuve testimoniale à prouver outre et contre l'écrit, en matière de commerce. On voit que nous nous trouvons en bonne compagnie.— L'article 1341 porte en effet: « le tout, sans préjudice de ce qui est prescrit dans les lois relatives au commerce. » La dérogation entame donc le second principe de l'article 1341, comme elle amoindrit le premier. D'un autre côté, l'article 109 du code de commerce laisse aux tribunaux la faculté d'admettre ou de repousser la preuve orale, selon qu'ils croiront devoir le faire. En présence de termes

1. En ce sens, un remarquable arrêt de Bourges du 23 février 1812, infirmant un jugement du tribunal de la Châtre.

aussi larges, comment accueillir la restriction proposée ?

Si la prohibition de prouver contre et outre le contenu aux actes était une règle, il eût été inutile de la rééditer d'une façon spéciale en matière de sociétés commerciales (art. 41, C. com.). D'ailleurs l'ancien droit se prononçait dans le même sens que nous; et c'est certainement l'ancien droit qu'on a voulu suivre. Enfin si on voulait chercher une justification dans les lois étrangères, on verrait que ce système est celui de la Hollande, un des pays qui pratiquent le plus et entendent le mieux tout ce qui est relatif au négoce.

« On a préféré, dit Merlin[1], le danger de quelques fraudes particulières à celui d'entraver les négociations et de tromper la bonne foi en exigeant trop de précautions. On sait que les négociants donnent le plus souvent des quittances portant valeur reçue, sans autre assurance que des paroles ou des ordres, et que cette manière de négocier est l'âme du commerce de toutes les nations. Il était donc indispensable d'admettre la preuve que l'argent énoncé dans les livres n'avait pas été compté ou que les marchandises n'avaient pas été délivrées, quoique payées. »

Signalons en terminant quelques exceptions au principe de l'admissibilité sans limites du témoignage en matière commerciale. Il s'agit de certains contrats d'une importance particulière pour lesquels la loi requiert une preuve écrite. Ce sont :

Les sociétés commerciales, sauf l'association en participation (art. 39 du C. civ. et 21 de la Loi de 1867).

---

1. Questions de droit, V. dernier ressort.

On trouve le germe de cette exception dans l'ordonnance de Blois de 1579, germe développé par les ordonnances de 1629 (Code Michaud) et de 1673.

La vente de navires (art. 195 C. com.);

L'affrétement ou nolissement (art. 273);

Le contrat d'engagement (art. 250);

Le contrat à la grosse (art. 311);

Le contrat d'assurance (art. 330).

On voit que ces exceptions touchent principalement au droit maritime. En ce qui concerne les deux dernières, la nécessité d'un crédit au-dessous de 150 francs a été contestée. Cette question avait déjà divisé dans l'ancien droit les trois grands jurisconsultes qui ont écrit sur le droit maritime : Emerigon, Valin et Pothier.

SECTION II.

DU COMMENCEMENT DE PREUVE PAR ÉCRIT.

Art. 1347. « Les règles ci-dessus reçoivent exception lorsqu'il existe un commencement de preuve par écrit. On appelle ainsi tout acte par écrit qui est émané de celui contre lequel la demande est formée, ou de celui qu'il représente, et qui rend vraisemblable le fait allégué. »

L'ordonnance de Moulins n'avait pas formulé cette exception, au moins dans les mêmes termes. Elle se bornait à laisser en dehors de son application les conventions particulières et autres, faites par les parties sous leurs seings, sceaux et écritures privées. Les

commentateurs comprirent sous cette dernière expression, écritures privées, opposées aux titres scellés et
signés, tout écrit quelconque pourvu qu'on en pût tirer quelque espèce de preuve : « *Si modo ex eis non-
nulla probatio elici possit* [1]. » L'ordonnance de 1667 em-
ploya cette expression de commencement de preuve
par écrit, mais sans la définir. Aussi, dans le doute,
ne distinguait-on pas si l'écrit qui rendait la demande
vraisemblable émanait ou non du défendeur. Les auteurs les plus exacts, tels que Pothier et Danty, faisaient bien observer que les écrits des tiers n'étaient
en réalité que de simples témoignages, et par conséquent ne devaient pas avoir plus d'autorité que la
preuve testimoniale elle-même. Mais rien n'obligeait
les tribunaux à suivre cette doctrine jusqu'au jour où
elle fut adoptée par le Code dans l'art. 1347.

Toullier a pensé, malgré ces précédents, que si la
loi parlait d'écrits émanés de celui contre lequel la
demande est formée, c'était à titre d'exemple, et non
dans un sens limitatif. C'est une erreur ; la loi a donné
non pas un exemple, mais une définition. La preuve
écrite ordinaire n'est pas autre chose qu'un aveu pré-
constitué. C'est là ce qui fait son irrésistible force. Le
commencement de preuve écrite sera de même un
aveu, imparfait, indirect, un commencement d'aveu,
si l'on veut ; mais il faut qu'il ait ce caractère pour
qu'on puisse recourir sans danger à la preuve testimoniale. Or, comment l'aura-t-il, s'il n'émane pas de
la personne même à qui on l'oppose ?

Selon l'article 1347, l'écrit doit émaner de celui

« contre lequel la demande est formée ». C'est une inexactitude. Le commencement de preuve par écrit peut être invoqué par le défendeur aussi bien que par le demandeur.

De la définition même de l'article 1347, il résulte que trois conditions sont nécessaires pour qu'il y ait, aux yeux du législateur, commencement de preuve par écrit. Il faut : 1° qu'il y ait un écrit; 2° que cet écrit émane de celui auquel on l'oppose; 3° qu'il rende vraisemblable le fait allégué.

1° *Il faut un écrit.* — De simples déclarations verbales seraient impuissantes à constituer un commencement de preuve dans le sens de l'article 1347; mais tout écrit est suffisant, quelle que soit sa forme, qu'il soit authentique ou sous seing privé, quel que soit le but qu'on ait voulu atteindre en le rédigeant. Ainsi, on peut considérer comme commencement de preuve par écrit : les lettres missives, lors même qu'elles ne font qu'une simple allusion au fait qu'il s'agit de prouver (il suffit qu'elles le rendent vraisemblable), les livres de commerce, les déclarations écrites, judiciaires ou extrajudiciaires, par exemple, les aveux consignés dans un procès-verbal de non-conciliation, les déclarations consignées dans un procès-verbal d'interrogatoire sur faits et articles, les simples notes écrites sur une feuille volante, etc.

2° *L'écrit doit émaner de celui à qui on l'oppose ou de son représentant.* — Il doit être son œuvre personnelle, être fait de sa main ou contenir sa signature ; il ne suffirait pas qu'il portât sa croix ou sa marque. Ainsi, une note trouvée dans les papiers du créancier, mais qui ne serait ni écrite, ni signée par lui, ne pourrait pas servir de commencement de preuve pour établir la libération du débiteur.

Vous réclamez ce que vous prétendez avoir payé indûment, et vous produisez la quittance de votre créancier qui constate le paiement. Cette quittance n'est pas écrite par vous, mais elle émane de vous en ce sens que vous vous l'appropriez par sa production. L'adversaire pourra donc s'en servir comme de commencement de preuve écrite, à l'effet de prouver par témoins que vous étiez réellement débiteur[1].

Mais les livres des marchands ne sauraient constituer à leur profit un commencement de preuve par écrit contre un non-commerçant, bien qu'ils permissent au juge de déférer le serment supplétoire.

On ne doit pas ranger parmi les écrits formant commencement de preuve, les actes sous seing privé dont la signature ou l'écriture est méconnue. Il faudra, pour pouvoir s'en prévaloir, les faire vérifier en justice. La doctrine contraire soutenue par Toullier est universellement rejetée.

Lorsque l'écrit est de la main de l'adversaire, la signature n'est pas nécessaire, et réciproquement la signature suffit si l'acte a été rédigé par un tiers.

Elle-même, la signature n'est pas toujours exigée. Qu'ordonne en effet la loi? que l'acte émane de la partie adverse. Or un acte, quoique n'étant pas écrit de la main d'une personne, est cependant réputé émaner d'elle s'il a été rédigé avec les solennités requises, par un officier public ayant le droit d'instru-

---

1. Par contre, c'est l'opposé qu'il faudrait décider dans certaines hypothèses qui paraissent pourtant se rapprocher beaucoup de celle-ci. (V. Marcadé sur l'art. 1347, p. 135.)

menter. Dans ce cas, la signature ne serait nécessaire
que si elle était une condition essentielle de la validité
de l'acte.

On peut citer comme exemples d'actes publics capa-
bles de produire un commencement de preuve par
écrit: 1° les procès-verbaux d'interrogatoire sur faits
et articles, quant aux aveux et déclarations qui y sont
consignées; 2° les procès-verbaux dressés au bureau
de conciliation; 3° les déclarations faites par les parties dans une comparution personnelle pourvu qu'elles
aient été constatées par procès-verbal régulier avant
le jugement. D'après plusieurs auteurs et quelques
arrêts, il suffirait qu'elles fussent constatées dans les
qualités du jugement. Mais c'est là évidemment une
erreur, car le juge ne peut pas baser sa décision sur
un commencement de preuve par écrit qui n'existe
pas encore: il faut que ce commencement de preuve
existe avant le jugement. On a donc jugé avec raison
que l'aveu d'une partie fait à l'audience peut bien
produire contre elle l'effet d'un aveu judiciaire, mais
non d'un commencement de preuve par écrit, lorsque
cet aveu n'est constaté par aucun acte antérieur au
jugement [1]. 4° Enfin, les interrogatoires subis en matière criminelle ou correctionnelle devant le juge
d'instruction. Il en serait autrement des aveux qui
seraient simplement consignés dans les notes du gref-
fier, notes qui n'ont aucun caractère d'authenticité et
ne sont signées ni par le magistrat, ni par le prévenu [2].

Le refus de répondre aux interpellations faites dans

1. Colmar, 13 mars 1853.
2. V. arrêt de Bordeaux, du 12 déc. 1851.

un interrogatoire sur faits et articles peut servir de commencement de preuve. Il fait même preuve complète, puisqu'il autorise les juges à tenir les faits pour avérés. (C. pr. civ., art 330. — Bourges, 30 avril 1838.)

Autre serait notre solution, en ce qui concerne le refus de répondre aux interpellations faites par le juge de paix au bureau de conciliation. Le juge, ici, n'a qu'une chose à faire: rechercher si les parties veulent ou ne veulent pas se concilier. Le silence de l'une d'elles implique bien de sa part refus de se concilier: mais ce refus ne crée en aucune façon un commencement de preuve.

Les actes invoqués comme authentiques, mais dépourvus de ce caractère soit par suite de vice de formes, soit par suite de l'incompétence de l'officier public, sont impuissants à servir de commencement de preuve pour les déclarations et énonciations qu'ils contiennent, à moins qu'ils n'aient été signés par la partie à laquelle on les oppose. Cette restriction a toutefois été contestée pour le cas où il s'agit d'une convention synallagmatique. Il résulte, a-t-on dit, par analogie de l'article 1325, qu'aucun écrit ne peut servir de commencement de preuve à l'une des parties, s'il n'en peut également servir à l'autre; il ne suffirait donc pas que l'acte constatant une convention synallagmatique fût seulement signé de la partie à laquelle on l'oppose. On a répondu avec raison que l'article 1325 ne s'occupe nullement du commencement de preuve. Il ne faut pas d'ailleurs ajouter légèrement à la rigueur de l'article 1347. Qu'exige cet article? Que l'acte émane de celui contre lequel la demande est formée et qu'il rende le fait allégué vraisemblable. Il n'ordonne en aucune sorte que l'écrit soit émané des deux parties.

Un écrit est réputé émané d'une personne lorsqu'il est de son auteur ou de son mandataire. Les écrits peuvent donc être opposés, comme commencements de preuve, aux héritiers, successeurs et ayants cause de celui qu'ils accusent ; l'héritier ne fait qu'un avec son auteur, le mandataire est légalement la même personne que son mandant. Dès lors, l'acte du mandataire sera valablement opposé au mandant comme commencement de preuve. Par application de ce principe, il a été jugé que les registres d'un banquier ou d'un notaire qui constatent un versement de fonds fait à un client, peuvent être opposés à celui-ci comme commencement de preuve, si le notaire ou le banquier avaient agi en qualité de mandataires [1].

Il ne faut pas confondre avec le mandataire celui qui a simplement intérêt dans le fait qu'il s'agit de prouver. Ainsi, dans une cause où figurent plusieurs défendeurs, les aveux échappés à l'un d'eux ne sauraient constituer un commencement de preuve contre les autres. On ne pourrait pas, par exemple, opposer à un individu une lettre écrite par son copropriétaire, pour baser sur elle un commencement de preuve de la vente de l'immeuble [2].

3° Il faut enfin que l'écrit invoqué comme commencemen de preuve rende vraisemblable le fait allégué. — Un fait est vraisemblable quand il revêt l'apparence du vrai. C'est au juge à apprécier la question de vraisemblance.

1. Req. 10 août 1811.
2. Cass. 30 déc. 1839.

Pour l'examen de cette troisième condition, nou⁻ ramènerons les écrits à deux classes : dans la première
nous rangerons les écrits qui renferment toutes les
énonciations nécessaires pour constater l'accord des
parties, mais qui manquent de quelque condition essentielle pour faire preuve complète ; — la seconde
classe comprendra les écrits qui, sans précisément
constater le fait à prouver, tendent cependant à le rendre vraisemblable.

I. — Parmi les écrits de la première catégorie on
peut citer : 1° les énonciations contenues dans un
acte authentique ou sous seing privé, qui n'ont point
un rapport direct avec les dispositions principales
(art. 1320). Par exemple, dans l'acte de vente d'un
fonds, le vendeur a énoncé que ce fonds provenait de
la succession de son père. Cet acte, qui prouve la
vente, ne fait pas preuve complète de cette dernière
énonciation, car l'attention de l'acheteur n'a pas dû
se porter sur une circonstance ne touchant qu'indirectement à la disposition principale. Mais comme, en
définitive, le fait énoncé peut être vrai, comme il l'est
vraisemblablement puisque sa mention n'a soulevé
aucune réclamation, il y aura commencement de
preuve suffisant pour autoriser la preuve testimoniale.
— 2° « Les copies qui, sans l'autorité du magistrat ou
sans le consentement des parties, et depuis la délivrance des grosses ou premières expéditions, auront
été tirées sur la minute de l'acte par le notaire qui l'a
reçu, ou par l'un de ses successeurs, ou par des officiers
publics qui, en cette qualité, sont dépositaires des
minutes, ne peuvent, en cas de perte de l'original,

servir que de commencement de preuve si elles ont moins de trente ans » (1335, 2°). — 3° Il en est de même, quelle que soit leur ancienneté, des copies tirées sur la minute d'un acte par des officiers publics autres que ceux énoncés dans le paragraphe précédent (1335, 3°). — 4° Enfin, pourront servir de commencements de preuve par écrit, les transcriptions d'actes sur les registres publics, pourvu qu'elles réunissent les deux conditions exigées par l'art. 1336.

Ce que la loi dit de la transcription sur les registres publics pourrait-il être étendu à l'enregistrement ? Quelques auteurs l'ont pensé; mais nous ne partageons pas cette opinion. Il faut, en effet, pour qu'un acte puisse servir de commencement de preuve, qu'il émane de celui à qui on l'oppose. Sans doute, l'art. 1336 fait exception à ce principe; mais les exceptions ne doivent pas être arbitrairement étendues. Pour que l'inscription d'un acte sur les registres de l'enregistrement pût avoir le même effet, il faudrait une disposition expresse de la loi. Cette disposition n'existe pas, et ce n'est pas sans raison que la loi l'a omise, car la simple analyse consignée sur les registres de l'enregistrement offre bien moins de garanties d'exactitude que la copie littérale faite par le conservateur des hypothèques.

Il résulte clairement des termes de l'art. 1336, qu'il ne s'applique pas aux transcriptions d'actes sous seing privé.

Les actes notariés, rédigés par un officier public incapable ou incompétent, mais signés par les parties contractantes, ont la valeur d'actes sous seing privé et forment par conséquent, non-seulement un commencement de preuve, mais une preuve complète.

Par contre, si la signature leur manque, ces actes, devenus nuls pour défaut de forme, sont impuissants à valoir, même comme commencements de preuve par écrit.

Ces deux cas ne peuvent faire doute ; mais on discute le point de savoir si l'acte qui n'est signé que par l'une des parties contractantes peut valoir comme commencement de preuve. Nous avons déjà résolu la question. L'acte nul comme acte authentique vaut toujours comme commencement de preuve contre la partie qui l'a signé, lors même qu'il ne serait pas revêtu de la signature de l'autre.

L'original sous seing privé d'un contrat synallagmatique présumé unique en l'absence de la mention fait double, peut-il servir de commencement de preuve par écrit? La question est vivement controversée. J'adopterai l'affirmative soutenue par Marcadé avec la vigueur et le feu qu'on lui connaît.

« Pour qu'il y ait commencement de preuve par écrit, dit-il, il faut, d'après notre article, qu'on rapporte un écrit, que cet article émane de celui à qui on l'oppose, enfin qu'il rende vraisemblable le fait que l'on demande à prouver. Or, y a-t-il un écrit?... C'est évident. Cet écrit émane-t-il de l'adversaire?.... C'est encore évident puisqu'il est signé de lui. Cet écrit, enfin, rend-il vraisemblable la convention qu'il relate?... Il nous semble, malgré tous les efforts qu'on a faits, que ce troisième point est tout aussi évident que les deux premiers. Eh quoi! je présente un acte expliquant et constatant tout au long une vente que Pierre m'a faite, l'acte est signé de Pierre comme de moi, et on prétend que cet acte ne donne aucune vraisem-

blanre à ma prétention que la vente a eu lieu! En
vérité, c'est nier l'évidence; et la controverse sur une
pareille question ne peut s'expliquer que par la pré-
occupation que l'étude du droit fait naître dans l'esprit
par les mille et une règles de détail dout elle le charge.
C'est encore là un de ces points où les subtilités de la
science viennent étouffer la voix de la raison, du bon
sens.... »

Les actes sous seing privé, quoique non signés,
peuvent servir de commencement de preuve, s'ils sont
écrits de la main de ceux auxquels on les oppose
(1347). Mais que décider à l'égard du billet ou de la
promesse unilatérale ne portant pas le *bon* ou *approuvé*
exigé par l'art. 1326? Il est généralement admis, malgré l'opinion isolée de Delvincourt, que semblable
écrit constitue un commencement de preuve valable.
Le défaut d'approbation peut, sans doute, être le
résultat d'une fraude, mais il sera, le plus souvent,
l'effet d'une inadvertance. Il rend donc probable
l'existence de la dette et, dès lors, doit permettre de
la prouver par témoins.

II. — Les écrits de la seconde catégorie sont ceux,
avons-nous dit, qui, n'étant pas, à l'origine, destinés
à servir de preuve, sont cependant de nature, par les
énonciations qu'ils contiennent, à rendre vraisemblable
le fait à prouver. Il serait fastidieux et même impossible
de les énumérer. Nous en citerons quelques-uns à titre
d'exemples.

Les lettres missives sont souvent invoquées comme
commencements de preuve. Pothier fait l'espèce suivante : Une personne réclamant un dépôt n'avait, pour

étayer son droit, qu'une lettre de son débiteur ainsi conçue : « Je vous satisferai sur ce que vous savez. » Cette lettre, dit Pothier, rend le dépôt vraisemblable ; elle forme donc un commencement de preuve 1. Danty ajoute que la preuve testimoniale devrait être accordée dans ce cas, lors même que la lettre aurait été adressée à un tiers.

Selon Boiceau, Danty et Pothier (n° 767), la promesse de payer une somme d'argent *pour choses à livrer ou à faire*, peut fournir un commencement de preuve qui autorise le créancier à prouver, par témoins, le fait de la livraison. Ainsi encore, un écrit relatant l'existence d'une dette, sans en déterminer la quotité, peut servir de commencement de preuve propre à établir par témoins le chiffre de la dette. Enfin, et nous avons déjà signalé ce cas, on peut découvrir un commencement de preuve dans les réponses contradictoires ou embarrassées de la partie dans un interrogatoire sur faits et articles, et même, dans son refus de répondre si ce refus a été régulièrement constaté : *Qui tacet non utique fatetur, sed tamen verum est cum non negare.*

Mais le titre constitutif d'une rente qui remonte à plus de trente ans, ne suffira pas pour faire admettre la preuve par témoins, de paiements d'arrérages qui auraient empêché la prescription. Cela paraît d'évidence, et on est fort surpris de voir quelques arrêts décider le contraire.

Les décisions des juges du fond sur la nature et la qualité du commencement de preuve par écrit, sont-elles soumises à la censure de la Cour de cassation?

---

1. Arrêt du Parlement de Paris, cité par Danty, chap. 1, n° 15.

Il faut distinguer. Le commencement de preuve par écrit suppose deux éléments : un élément matériel et un élément moral. Il faut d'abord un écrit émané de l'adversaire; il faut de plus que cet écrit rende vraisemblable le fait allégué. En ce qui concerne le premier élément, la loi, ayant défini le commencement de preuve et déterminé ses caractères, l'œuvre du juge relèvera de la Cour suprême. Il n'en est pas de même du second élément : le point de savoir si l'écrit rend le fait allégué vraisemblable dépend d'une question de fait laissée, dans tous les cas, à l'appréciation souveraine du magistrat. La vraisemblance dépend, en effet, de circonstances qui varient à l'infini et qu'il est impossible de prévoir.

SECTION III.

DE L'IMPOSSIBILITÉ DE PRODUIRE UNE PREUVE LITTÉRALE.

Le vœu du législateur est que toute partie qui accomplit un acte juridique le confie à l'écriture. Mais quand le défaut de titre n'est pas imputable aux contractants, il serait absurde et inique d'en exiger un. Là est, selon nous, la clef de la théorie de la preuve testimoniale en droit français. Si, de toute la matière, on tient à dégager une règle dominante, ce sera celle que nous avons déjà formulée. *Les parties doivent rédiger un écrit, toutes les fois que cela leur a été possible*[1]. En réalité, il n'est donc qu'une seule

---

1. On retrouve en germe cette idée dans Pothier.

restriction au principe : celle qu'on peut induire de l'impossibilité. A l'exception d'impossibilité, nous ramènerons :

1° Le cas où le chiffre de l'objet en litige est inférieur à 150 francs. La loi présume qu'au-dessous de cette somme, il y a le plus souvent impossibilité morale de rédiger un écrit. Je dis impossibilité morale, car il n'y a pas évidemment d'impossibilité absolue ; mais les difficultés seraient telles, que la loi les élève à la hauteur d'une impossibilité.

2° Le cas où l'affaire est commerciale. Ici, il faut répéter ce que nous venons de dire : on était en présence d'une impossibilité morale.

3° Le cas d'impossibilité absolue, que nous nous proposons d'examiner sous cette section.

Les dispositions qui régissent l'hypothèse d'un commencement de preuve par écrit ne font pas davantage échec à la règle que nous avons posée. Ici, il est vrai, l'admissibilité de la preuve orale ne sera pas fondée sur l'impossibilité de rédiger un acte. Mais cette admissibilité n'en découle pas moins du principe émis plus haut. Si le commencement de preuve par écrit autorise la comparution des témoins, c'est qu'il a été satisfait au vœu de la loi, c'est qu'il a été passé acte. Cet acte est sans doute imparfait, insuffisant, mais enfin il existe : on en doit tenir compte. Le Code se montre indulgent, parce qu'on a déféré à ses ordres, parce que ses sympathies sont, pour l'écrit, quelque incomplet qu'il soit.

Reste à étudier le cas où l'une des parties s'est trouvée dans l'impossibilité absolue de produire une preuve par écrit. Ici encore, la double prohibition de

l'article 1341 sera mise en défaut. Cette impossibilité
peut être originelle, c'est-à-dire avoir mis obstacle à
la confection même de l'acte. Elle peut aussi résulter
d'un événement postérieur : c'est le cas de perte du
titre.

I. — *Impossibilité de se procurer une preuve écrite.*

Art. 1348. — « Elles (les règles ordinaires) reçoivent
encore exception, toutes les fois qu'il n'a pas été possible au créancier de se procurer une preuve littérale
de l'obligation qui avait été constituée envers lui. »
Tout le reste de cet article n'est que le développement
fort mal digéré de cette idée fort juste.

« Cette exception s'applique : 1° aux obligations
qui naissent des quasi-contrats et des délits et quasi-
délits. »

Ce paragraphe ne doit pas être pris à la lettre, car
il mènerait à des conséquences diamétralement contraires à l'esprit de la loi et à son véritable sens. Il
est vrai que, le plus souvent, le créancier n'aura pas pu
se procurer une preuve écrite des obligations qui ont
pour cause un quasi-contrat, un délit ou un quasi-
délit, et qu'alors il en pourra faire la preuve par
témoins. Mais il en serait absolument de même si l'o-
bligation était contractuelle. Et si, au contraire, il lu
a été possible d'obtenir une preuve écrite de l'obligation, cette circonstance qu'elle résulte d'un quasi-
contrat, par exemple, ne fera en rien déroger aux
règles ordinaires, bien que notre article paraisse le
supposer.

Quelques exemples donneront une idée plus nette de cette théorie.

Vous avez géré mon domaine en mon absence, et vous en avez recueilli les fruits dont vous êtes comptable à mon égard. La preuve écrite de ce fait, je n'ai pu me la procurer; je pourrai donc avoir recours à la preuve testimoniale, et cela sans qu'on distingue si vous avez agi comme gérant d'affaires ou comme mandataire.

Par contre, si, en réponse à ma réclamation, vous dirigez contre moi une demande reconventionnelle en paiement de déboursés faits pour l'administration de mon domaine, si vous avez pu vous procurer une preuve écrite de ces impenses, vous ne pourrez les justifier que par écrit, sans qu'on distingue encore si vous les avez faites en vertu du contrat de mandat ou du quasi-contrat de gestion d'affaires.

Le paiement de l'indû au-dessous de 150 francs devra aussi être prouvé par écrit.

De même, en cas de délit ou quasi-délit, je pourrai bien prouver par témoins que telle chose m'a été volée, que votre maladresse à manier votre cheval m'a causé tel préjudice, car je n'ai pu me procurer une preuve écrite ni du vol ni de votre imprudence; mais si la preuve du délit exige la preuve d'un fait préexistant susceptible d'être constaté par écrit, cette circonstance qu'un délit a été enté sur ce fait, et qu'on a pris la voie criminelle ou correctionnelle pour obtenir justice, ne changera rien aux règles ordinaires du droit sur l'admissibilité de la preuve.

Le dépositaire infidèle peut être poursuivi, soit devant la justice civile, soit devant les tribunaux corrèctionnels. Ce délit d'abus de confiance est subordonné à l'existence du dépôt. Point de dépôt, point de délit. Or, quelle que soit la marche suivie, le fait du dépôt a dû être constaté par écrit ; il ne pourra être prouvé que de cette manière, s'il est supérieur à 150 francs.

Le débiteur pourra prouver par témoins, même contre le contenu aux actes, que telle obligation est un pacte usuraire ; que telle autre est le produit de l'erreur ou du dol : telle autre, enfin, lui a été arrachée par violence. Car il est bien évident que, le plus souvent, il ne lui aura pas été possible de se procurer une preuve écrite de l'usure, de l'erreur, du dol ou de la violence. Mais si cela lui avait été possible, la preuve écrite serait seule recevable. Une hypothèse plus délicate est celle de simulation volontaire. Les parties sont-elles recevables à attaquer, pour cause de simulation, un acte qu'elles ont volontairement souscrit ? On résout généralement la question par la distinction suivante : si la simulation est simple, si elle n'a pas pour but de frauder la loi, l'auteur de la simulation ne séra pas reçu à la prouver par témoins dans tous les cas où il a été possible d'obtenir une contre-lettre. On a consenti une hypothèque fictive sur un immeuble, afin d'en mettre le prix à l'abri des créanciers sérieux. Si le faux prêteur abuse de son titre, bien qu'il y ait fraude, le propriétaire ne pourra l'établir sans preuve écrite, car il aurait été possible d'obtenir une contre-lettre. Les tiers, bien entendu, seraient admis à prouver la simulation par tous les moyens possibles.

Mais, si l'acte simulé servait de voile à une convention illicite, s'il y avait fraude à la loi, les parties seraient admises à en faire la preuve par tous les moyens possibles. C'est ce qui a été jugé par la Cour de cassation le 7 mai 1836, à propos d'un dédit de mariage stipulé sous forme de prêt.

Cette exception s'applique encore : 2° « Aux dépôts nécessaires faits en cas d'incendie, ruine, ¡tumulte ou naufrage et à ceux faits par les voyageurs en logeant dans une hôtellerie, le tout, suivant la qualité des personnes et les circonstances du fait. » 3° « Aux obligations contractées en cas d'accidents imprévus, où l'on ne pourrait pas avoir fait des actes par écrit. ».

Cet article est si mal rédigé que, dans le § 3, il reproduit à titre d'exemple la règle générale.

Il s'agit ici de dépôts faits dans des circonstances particulières « *ubi tam calcæ erant occasiones, ut quærendorum tabellionum momentum etiam minimum non largirentur, sed tantum arripiebatur deponendi qualiscunque opportunitas* [1]. »

L'ordonnance de Moulins ne signalait pas cette exception ; mais la force des choses la fit admettre, et son excellence fut reconnue par un arrêt du mois d'août 1573, qui « admit la preuve par témoins en faveur des héritiers d'un particulier de la religion prétendue réformée, qui avait déposé son argent entre les mains d'un homme qu'il croyait son ami, en l'année 1572, le jour même de la Saint-Barthélémy, auquel il fut tué [2]. »

L'ordonnance de 1667 consacra le même principe. Une nécessité moins impérieuse, mais résultant de

1. Boiceau.
2. Danty.

l'usage et des inconvénients et fraudes sans nombre qu'entraînerait le système contraire, a fait regarder comme un dépôt nécessaire le dépôt des bagages d'un voyageur dans l'hôtellerie où il passe. Mais cette exception ne s'étendrait pas au dépôt fait par un habitant de la localité entre les mains de l'aubergiste, car ce n'est là qu'un dépôt ordinaire.

Quelles que soient les causes qui ont donné naissance à l'obligation, si elles sont telles qu'il ait été impossible de s'en procurer une preuve écrite, la preuve testimoniale sera admissible[1].

Il serait possible que l'idée vînt à un malhonnête homme de s'enrichir aux dépens d'autrui, en alléguant, par exemple, des dépôts qui n'auraient pas eu lieu, ou bien en exagérant la valeur des choses confiées. Aussi la loi recommande-t-elle au juge de tenir compte de la qualité des personnes et des circonstances du fait. Ainsi, un homme d'une pauvreté notoire ne serait pas reçu à prouver par témoins, que lors de l'incendie de sa chaumière, il a déposé chez un voisin des sommes importantes ou des bijoux précieux. La rédaction vi-

[1]. Le général de Pelleport raconte dans ses souvenirs un trait trop honorable pour l'armée française pour que je renonce au plaisir de le citer : — Pendant la retraite de Russie, il lui fallut abandonner tous les caissons qu'il commandait. Il fit faire alors plusieurs parts des 120,000 francs, en or, contenus dans la caisse militaire, et chacun des officiers, sous-officiers et soldats reçut une petite somme en promettant de ne pas abandonner ce dépôt confié à son honneur, et de le remettre à un camarade s'il venait à succomber. Hâtons-nous de dire à l'honneur de ce régiment que les 120,000 francs rentrèrent en caisse après la campagne. Mais supposons qu'un de ces hommes eût dénié ce dépôt sacré, c'eût été, en droit, un cas de l'application de l'art. 1348.

cieuse de l'article pourrait faire croire qu'il s'agit ici d'une règle spéciale au § 2. C'est au contraire un principe général applicable à toutes les règles qui régissent la preuve testimoniale. Ainsi, bien qu'une enquête soit admissible parce qu'il s'agit d'une somme inférieure à 150 francs, ou parce qu'il existe un commencement de preuve écrite, les juges pourront toujours, en tenant compte de la qualité des personnes et des circonstances du fait, refuser de l'ordonner.

II. — *Perte du titre.*

De même que la loi ne saurait exiger une preuve écrite quand les circonstances n'ont pas permis de s'en procurer une, de même on ne saurait repousser la preuve orale « au cas où le créancier a perdu le titre qui lui servait de preuve littérale, par suite d'un cas fortuit, imprévu et résultant d'une force majeure ».

Il ne suffit pas d'avancer qu'un titre a été rédigé, perdu ensuite. Une allégation n'est pas une preuve ; il serait alors par trop facile d'éluder la loi. Il faudra prouver : que le titre a existé ; que tel événement de force majeure s'est produit ; que c'est par suite de cet événement que le titre a été perdu. Sur le premier et le dernier point, les juges éviteront de se montrer difficiles. Tout d'abord, quant à la preuve du dernier point, de simples présomptions ou vraisemblances pourront leur suffire. Le demandeur prouve que le titre était dans sa maison, quand le feu y a pris, que l'incendie a éclaté la nuit avec tant de violence, s'est

propagé avec tant de rapidité, que c'est à peine s'il a
pu fuir à la hâte. Personne, sans doute, n'a vu brûler
le titre; personne, comme dit Marcadé, n'a songé, au
moment du sinistre, à faire dresser l'inventaire des pa
piers que le feu dévorait. Il n'est donc pas impossible que le titre ait été sauvé ; mais toutes les probabi-
lités concourent à faire présumer le contraire, et cela
suffira.

Quant à l'existence du titre et à sa teneur, quelques auteurs enseignent que les témoins doivent en
avoir lu le contenu. Cela n'est pas nécessaire, pourvu
qu'il devienne constant par leurs dépositions : 1° que
l'obligation a été contractée; 2° qu'elle a été rédigée
par écrit. On devrait, par exemple, se déclarer satisfait, si des témoins dignes de foi rapportaient qu'ils
ont entendu le débiteur dire au créancier : « Je se-
rai bientôt en mesure de vous payer le billet de douze
cents francs que je vous ai souscrit. »

Mais il s'agissait d'actes solennels comme un testament, la preuve testimoniale devrait porter non-seulement sur l'existence de l'acte et les dispositions qu'il
renferme, mais encore sur l'accomplissement des formes requises pour sa validité[1]. On sent, dit un jurisconsulte que nous nous plaisons à citer, avec quelle
circonspection les juges devront toujours procéder en
de pareilles affaires, où ils marchent véritablement sur
des charbons ardents. Combien ne devront-ils pas être
sûrs de la délicatesse et de la gravité des témoins, pour
reconstruire ainsi, sur la foi de souvenirs fugitifs, des

[1]. En ce sens, arrêt de Cass. du 17 fév. 1806.

actes que la sollicitude du législateur avait cru devoir
entourer de tant de formes [1] !

Si pourtant le testament avait été soustrait par
l'héritier *ab intestat* ou toute autre personne intéressée
à le faire disparaître, ce fait constituerait, au moins
vis-à-vis de cette personne, une présomption de validité de l'acte qui dispenserait le demandeur de toute
autre preuve à cet égard.

1. M. Bonnier.

APPENDICE

J'ai annoncé un appendice au commencement de ce travail, et je confesse en toute humilité que grand est mon embarras aujourd'hui pour tenir ma promesse. Un vulgaire dicton l'enseigne depuis longtemps : promettre et tenir font deux. Je me vois presque dans la situation de certaines gens qui, après avoir affiché de pompeuses réclames, se dérobent au moment critique......

C'est que, de tous côtés, je vois se dresser des obstacles. On sait que l'éloignement rapetisse les objets : c'est le phénomène dont j'ai été le jouet, j'allais dire, la victime. Les matières que j'ai signalées au début de cette œuvre comme devant former cet appendice, m'apparaissent aujourd'hui à la fois si considérables et si difficiles, qu'elles suffiraient seules à mériter les honneurs d'une étude spéciale. On ne saurait sans imprudence jouer avec elles et les traiter légèrement.

Il me faut donc passer un compromis avec ma conscience ou plutôt avec la nécessité. J'espère qu'on me le pardonnera. J'avais trop présumé de mes forces. Mon ambition se bornera désormais à *indiquer* dans le plus sommaire des résumés : ce que devient le témoignage dans certains contrats particuliers ; quel rôle il est appelé à jouer dans les questions d'état; enfin ce qu'est la preuve par commune renommée.

A d'autres, le soin de couvrir la toile ; je me contente de tracer le cadre.

I. — *Contrats dans lesquels le témoignage est absolument prohibé.* — Ce sont, outre les contrats commerciaux que nous connaissons :

1° Le louage. — Article 1715 : « Si le bail fait sans écrit n'a encore reçu aucune exécution, et que l'une des parties le nie, la preuve ne peut être reçue par témoins, quelque modique qu'en soit le prix, et quoiqu'on allègue qu'il y a eu des arrhes données. — Le serment peut seulement être déféré à celui qui nie le bail. »

Malgré les termes rigoureux de cet article, on décide généralement que la preuve du bail verbal qui n'a reçu aucune exécution pourra résulter non-seulement du serment, mais de l'aveu de la partie. La preuve orale sera-t-elle recevable, s'il existe un commencement de preuve par écrit ? D'autre part, le témoignage, impuissant à prouver l'existence du bail, sera-t-il admis à faire la preuve que ce bail a reçu un commencement d'exécution ? Ce sont là des questions controversées.

2° La transaction. — Article 2044: « La transaction doit être rédigée par écrit. » Un passage du rapport fait par le tribun Albisson précise nettement la portée de cette disposition : « La transaction devant terminer un procès, c'eût été risquer d'en faire naître un nouveau, que d'en laisser dépendre l'effet de la solution d'un problème sur l'admissibilité ou les résultats de la preuve testimoniale. » Il suit de là que la preuve par témoins n'est pas reçue en matière de transaction, lors même que la somme en litige est inférieure à 150 francs, ou lors même qu'il existe un commencement de preuve par écrit.

3° L'antichrèse (art. 2085). — Peu importe que le fonds cédé en antichrèse vaille plus ou moins de 150 francs [1].

A ces trois contrats, certains auteurs ajoutent le partage. On invoque en ce sens le texte de l'article 816 et l'autorité de M. Siméon, parlant au nom du Tribunat devant le Corps législatif. C'est là une décision que nous avons peine à admettre [2]. Pas plus que le discours de M. Siméon, l'article 816 ne nous paraît avoir voulu régler une question de preuve.

II. — *Du témoignage dans les questions d'état.* — « Si les législateurs, a dit Cochin, n'avaient pris aucune précaution pour fixer l'état des hommes, les citoyens ne pourraient se connaître entre eux que par la possession. Telle était la règle qui les distinguait seule, avant que les États politiques eussent établi des lois sur une matière si importante [3]. »

Pour les questions d'état, en effet, il ne dépend pas toujours des intéressés de préconstituer les preuves nécessaires. Ainsi, l'enfant qui vient au monde ne peut, cela est évident, assurer lui-même les preuves de sa naissance ; il est à la discrétion de tiers, incapable de protéger son état civil contre la négligence,

1. Consulter sur ce point le discours d'un conseiller d'état, M. Berlier (travaux préparatoires).
2. V. pourtant un arrêt de Cass. du 6 juillet 1836.
3. Plaidoyer pour Messire Jean-François de Malortye, marquis de Bonderille.

la fraude ou les événements de force majeure. Pour prévenir ces dangers et protéger l'intérêt de chacun, la loi a eu recours à un procédé fort sage. On constate sur des registres spéciaux les faits qui constituent l'état des personnes, c'est-à-dire la naissance, le mariage et la mort. Ces registres font seuls preuve, à moins de circonstances exceptionnelles.

Naissances et décès. — Les naissances et les décès doivent être constatés par écrit sur les registres publics. Toutefois, « lorsqu'il n'aura pas existé de registres, ou qu'ils seront perdus, la preuve en sera reçue tant par titres que par témoins ; et dans ces cas, les mariages, naissances et décès, pourront être prouvés tant par les registres et papiers émanés des pères et mères décédés, que des témoins (art. 46). »

Cette solution n'est, du reste, que l'application des principes généraux. Aux termes de l'article 1348, la preuve par témoins est recevable dans tous les cas où il a été impossible de se procurer un acte ou de conserver celui qu'on avait préparé. Aussi, pensons-nous, bien que la doctrine contraire rallie un certain nombre d'adhérents, que la preuve par témoins seule suffit ici à établir, non-seulement la naissance, mais encore la filiation [1]

L'article 46 serait serait également applicable, et la preuve de la naissance ou du décès pourrait se faire par témoins, lors même que la suppression faite aux registres aurait porté sur un petit nombre d'actes, lors même que l'interruption dans la tenue des registres eût été de

1. En ce sens, MM. Demolombe, Valette, Bertauld.... — Contrà MM. Toullier, Delvincourt, Duranton, Marcadé.....

courte durée. L'allégation du réclamant peut, en effet, devenir vraisemblable, s'il établit que la naissance ou le décès dont il s'agit coïncident avec l'époque de la suppression de l'acte ou de l'interruption des registres.

Supposons maintenant que les registres existent et qu'ils aient été tenus régulièrement, mais qu'on ait omis d'y inscrire tels mariages, naissances ou décès: pourra-t-on suppléer à cette omission au moyen d'une enquête? Au cas particulier de l'article 70 et suiv., l'affirmation est incontestable. Mais que résoudre en dehors de cette hypothèse? La négative est plus juridique; l'affirmative plus équitable, et, comme telle, adoptée en jurisprudence.

Mariage. — La preuve de la célébration du mariage résulte aussi, en principe, de la production de l'acte inscrit sur les registres de l'état civil. Mais, de même, la preuve par témoins devient admissible, dès qu'on se retrouve dans le domaine de l'article 46. Ici tout le monde est d'accord à admettre que si les registres ont été régulièrement tenus, le juge ne devra jamais autoriser d'enquête. Il était du devoir des parties de faire constater leur union sur ce registre; il est juste qu'elles portent la peine de leur négligence. L'article 194 ne laisse aucun doute à cet égard, et n'admet d'autre moyen de preuve que l'acte de célébration. Le serment lui-même échouerait.

Filiation. — 1° Il s'agit de rechercher une filiation légitime. — S'il n'y a ni titre ni possession constante, l'enfant privé de ses droits pourra recourir au témoignage pour démontrer sa filiation. Mais on ferait la part trop belle à la fraude, si on n'exigeait aucune garantie : le témoignage devra s'appuyer sur un commencement de preuve (art. 323). En ce qui concerne le commencement de preuve, nous signalerons ici une double dérogation à l'article 1317 : la loi n'exige pas que l'écrit émane du défendeur (art. 324); elle assimile au commencement de preuve écrite les présomtions graves résultant de faits dès lors constants (art.! 323).

2° S'agit-il de rechercher la filiation naturelle? Ici la recherche n'est pas toujours permise comme pour la filiation légitime ; mais, en revanche, il est des cas où on ne peut se soustraire à la filiation légitime (art. 322), tandis que (art. 339), la reconnaissance du père ou de la mère pourra toujours être contestée. en matière de filiation naturelle. De plus, dans la filiation légitime, la maternité fait toujours présumer la paternité ; dans la filiation naturelle, la paternité et la maternité sont deux faits distincts, indépendants l'un de l'autre.

La recherche de la filiation adultérine ou incestueuse n'est jamais admise (art. 342). Quant à la filiation naturelle simple, on distinguera la paternité naturelle de la maternité.

La maternité est un fait apparent qu'on peut établir d'une façon certaine. Aussi la recherche de la maternité est-elle permise (art. 341). Mais pour que la preuve en soit possible au moyen d'une enquête, un commencement de preuve par écrit est nécessaire. Ce commencement de preuve devra-t-il émaner de l'adversaire selon le droit commun? Ou suffira-t-il qu'il émane, comme en matière de filiation légitime, d'un tiers qui, s'il était vivant, aurait un intérêt opposé à celui de l'enfant? C'est un point sur lequel on ne s'accorde pas. Mais tout le monde reconnaît que de simples indices, si graves, si nombreux qu'ils fussent, ne suppléeraient pas le commencement de preuve par écrit en matière de filiation naturelle.

L'enfant qui demande à prouver la maternité naturelle a deux faits à prouver : l'accouchement de la femme dont il se dit issu, son identité avec l'enfant dont elle est accouchée. Le commencement de preuve par écrit doit rendre vraisemblable l'un et l'autre de ces deux faits.

La paternité est occulte, mystérieuse : c'est donc un fait dont la preuve directe est impossible. Pour les enfants légitimes, la loi a pu tourner cette impossibilité par la présomption légale qui résulte du mariage. Mais, pour la filiation naturelle, cette ressource lui manquait. Notre ancienne législation avait admis cette recherche sans difficulté. Mais à la fameuse maxime « *creditur virgini dicenti se ab aliquo agnitam et ex eo prægnantem esse* », a succédé la maxime non moins célèbre de notre droit moderne : « la recherche de la paternité est interdite. »

L'art. 340 contient l'unique exception au principe : « Dans le cas d'enlèvement, lorsque l'époque de cet enlèvement se rapportera à celle de la conception, le ravisseur pourra être, sur la demande des parties intéressées, déclaré père de l'enfant. »

III. *De la preuve par commune renommée.* — La preuve par commune renommée n'est pas autre chose qu'une nuance de la preuve testimoniale. C'est la preuve testimoniale qu'on consulte sans la contrôler, sans lui demander compte de ses affirmations. C'est la réponse de l'opinion publique aux interrogations du juge. On comprend le danger, l'incertitude, l'arbitraire d'une preuve, écho de tous les bavardages, fille de toutes les médisances. Montaigne la caractérise bien avec la verve originale qui ne l'abandonne jamais : « Les premiers, dit-il, venant à semer leur histoire, sentent, par les oppositions qu'on leur fait, où loge la difficulté de la persuasion, et vont calfeutrant cet endroit de quelque pièce fausse. L'erreur particulière fait premièrement l'erreur publique, et à son tour l'erreur publique fait l'erreur particulière. Ainsi va tout ce bâtiment, s'étoffant et se formant de main en main, de manière que le plus éloigné témoin est mieux informé que le plus voisin, et le dernier informé mieux persuadé que le premier. » On le voit, c'est, comme une fable bien connue de Lafontaine, le développement du vieux thème : *fama crescit eundo.*

On comprend donc que le législateur n'autorise que dans des cas très-rares la preuve par commune renommée. Les personnes auxquelles il est permis de s'en servir sont : la femme mariée ou ses héritiers, lorsque leurs intérêts ont été compromis par le défaut d'inventaire du mari (art. 1415, 1504); les héritiers du conjoint prédécédé, lorsque le survivant n'a pas fait inventaire de la communauté (art. 1442). L'art. 1442 n'exige pas, quoiqu'on l'ait prétendu, que dans ce dernier cas les héritiers soient mineurs.

Faut-il étendre par analogie la faveur de l'article 1442 aux cas où la négligence d'un tuteur ou administrateur légal place le mineur ou l'interdit dans l'impossibilité d'obtenir une preuve régulière de ses droits? La plupart décident que oui. Doit-on, de même permettre à la femme mariée, sous le régime de la communauté réduite aux acquêts, de prouver par commune renommée la valeur du mobilier qui lui est échu pendant le mariage et n'a pas été constaté par inventaire? Les articles 1415 et 1504 joints à une considération tirée de l'impuissance dans laquelle la femme s'est trouvée pendant le mariage, fournissent d'excellents arguments en faveur de l'affirmative.

La preuve par commune renommée est soumise aux formes ordinaires des enquêtes; car ce n'est au fond, je le répète, que la preuve testimoniale, réduite à son expression la moins satisfaisante. Sauf ce que nous venons de dire, le juge ne devra l'admettre que dans les cas où la loi l'autorise expressément. Mais il lui sera souvent difficile d'apercevoir l'endroit exact où la preuve testimoniale proprement dite finit, ou la preuve par commune renommée commence.

La preuve dite par possession d'état rentre dans la preuve plus générale de commune renommée.

POSITIONS.

—

I. La preuve par témoins ne suffit pas à Rome à établir l'ingénuité.

II. Au cas de conflit entre la preuve littérale et la preuve testimoniale, il faut distinguer, pour savoir laquelle des deux l'emporte, si le témoignage est en présence d'un *instrumentum publicum* ou d'un *instrumentum privatum*. Dans le premier cas, c'est l'écrit qui triomphe ; dans le second, les deux preuves ont même vigueur et même autorité.

III. La règle *testis unus, testis nullus,* est antérieur à Constantin. C'est en vain qu'on oppose à cette solution la loi 14 au Digeste *de dote prælegatâ.*

IV. La déposition d'un témoin unique n'a pas même pour effet d'autoriser le serment supplétoire, quoique le contraire paraisse résulter de la loi 3 au Code, *de rebus creditis et jurej.*

V. L'obligation imposée au témoin de prêter serment est fort ancienne et remonte dans tous les cas bien au delà du règne de Constantin.

—

DROIT FRANÇAIS.

CODE CIVIL.

I. Le paiement d'une créance constatée par écrit peut se prouver par témoins, s'il est inférieur à 150 francs.

II. L'article 1346 s'applique même aux créances qui s'appuient sur un commencement de preuve par écrit, mais non aux créances qui ne sont pas encore exigibles.

III. Celui qui a agi en violation de l'article 1346 ne conserve pas même la ressource du serment.

IV. L'original sous seing privé d'un contrat synallagmatique, présumé unique en l'absence de la mention fait double, peut servir de commencement de preuve par écrit.

V. En matière de société civile, la preuve testimoniale est écartée, si le total des apports excède 150 francs, et si, alors même qu'il n'atteignit pas originairement ce chiffre, l'intérêt en litige arrivait à l'excéder.

VI. La double prohibition de l'article 1341 est d'ordre public.

VII. L'article 46 n'est que l'application de l'article 1318. Par suite, dans l'hypothèse qu'il prévoit, la preuve par témoins suffira à prouver la filiation.

VIII. Le commencement de preuve par écrit de l'article 341 est soumis à la règle de l'article 324, et non à celle de l'article 1347.

PROCÉDURE.

I. Les enquêtes *in futurum* ne sont pas prohibées par nos lois.

II. Le texte de l'article 283 du Code de procédure civile est impératif et limitatif.

—

DROIT COMMERCIAL.

I. On peut prouver par témoins, en matière commerciale, non-seulement au-dessus de 150 francs, mais contre et outro le contenu aux actes.

II. On sera reçu à invoquer le témoignage, pour prouver par témoins la remise faite à un entrepreneur de transports, d'objets destinés à être transportés.

—

DROIT CRIMINEL.

I. Une simple réticence peut constituer un faux témoignage, lorsqu'elle a pour objet de dissimuler un élément essentiel du procès.

II. La condamnation par contumace n'emporte pas interdiction légale.

—

DROIT ADMINISTRATIF.

I. Est valable la disposition par laquelle un testateur après avoir fait un legs au profit d'un établissement public, déclare que ce legs sera sans effet pour le tout, dans le cas où il ne recevrait pas son exécution complète, et qu'un tiers sera appelé à le recueillir au lieu et place de l'établissement public.

II. Le pouvoir de délimiter un fleuve appartient à l'administration. Mais l'arrêté de délimitation ne peut que constater les limites naturelles. Si le fleuve empiète sur un riverain, celui-ci n'a pas droit à indemnité.

Vu par le Président,
Martial PERVINQUIÈRE ✳.

Vu par le Doyen par intérim,
M. PERVINQUIÈRE ✳.

Permis d'imprimer :
Le Recteur de l'Académie,
CH. AUBERTIN ✳.

POITIERS. — IMPR. DE H. OUDIN FRÈRES.